AF610910

PROPOSITION D'UNE MESURE DE LA TERRE,

DONT IL RE'SULTE une diminution considérable dans sa circonference sur les Paralleles.

Par M. D'ANVILLE, Géographe ordinaire du Roi.

DE'DIE'E A MONSEIGNEUR LE DUC DE CHARTRES.

A PARIS.

Chez CHAUBERT Quai des Augustins à la Renommée & à la Prudence.

M. DCC. XXXV.

AVEC PRIVILEGE DU ROY.

A MONSEIGNEUR LE DUC DE CHARTRES.

ONSEIGNEUR,

On ne trouvera point extraordinaire, que cette Mesure de

la Terre soit dédiée à VOTRE ALTESSE SÉRÉNISSIME, *en qui tout le monde connoît une vivacité de génie, qui a devancé la maturité de l'âge. Ayant eu l'honneur il y a plusieurs années, de mettre sous vos yeux des Cartes de Géographie,* VOTRE ALTESSE SÉRÉNISSIME *fit dès-lors voir un goût & une pénétration, qui ne se bornoient pas à la connoissance des objets renfermés dans ces Cartes, & qui se portoient encore sur la maniere & les moyens de composer les ouvrages de ce genre. Mais, MONSEIGNEUR, qu'il me soit permis de dire, que la Géographie peut s'acquiter en-*

vers un Prince de grande espérance, comme est VOTRE ALTESSE SÉRÉNISSIME, *de l'accueil qu'Elle voudra-bien lui faire. Pour un Prince destiné aux plus grandes choses, & d'un génie proportionné à sa destination, la Géographie ne s'en tient pas à la représentation seche de la figure & de l'étenduë des Pays & des Etats. Cette Science ornée des details qu'elle entraine avec elle, instruit du génie des Peuples & de la constitution des Etats, des richesses naturelles de chaque Terre, & de l'industrie plus ou moins grande des Hommes répandus dans les diverses parties du Monde. Dans la description actuelle des Royaumes & des Empires, on reconnoît encore à des marques distinctes, les révolutions arrivées dans les Etats précedens, & quelquefois même, la cause & le principe de la chute des uns & de l'élévation des autres.*

Si la Géographie embrasse des notions si considérables, ne peut-on pas conclure qu'elle est digne d'être cultivée par les plus grands Princes? Aussi remarque-t-on, MONSEIGNEUR, *dans ceux qui ont acquis le plus de réputation, une attention particuliere pour les connoissances Géographiques, dont leur habileté sentoit* *toute l'importance. Ce que nous avons de plus parfait sur notre ancienne Gaule, tant à l'égard de la situation de ses Peuples, que de leurs coutumes & gouvernement, a été mis par écrit par Jules-Cesar lui même, pour qui la connoissance de ces choses avoit contribué à une conquête, qui lui a frayé le chemin à la domination sur le plus célebre Empire du Monde. Alexandre le Grand entreprenant la conquête de l'Empire des Perses, se fit accompagner par d'habiles Géographes *, qui étoient chargés non-seulement de decrireles diverses contrées qu'il alloit traverser,*

* Diognete & Béton

mais même d'en mesurer scrupuleusement l'étenduë sur la trace de son expédition. On a entendu dire à ce Prince, qu'il étoit disposé à donner sa vie, si elle étoit nécessaire à ouvrir la connoissance des Pays jusqu'alors inconnus. Mais pour ne pas citer les conquérans seuls, Auguste qui s'est fait un nom plus estimable par le gouvernement tranquille d'un Empire heureux & florissant, Auguste, dis-je, pensa qu'il lui étoit nécessaire d'avoir la description Géographique des diverses parties de l'Empire, & il chargea du soin de cet ouvrage son propre gendre Agrippa, en qui il avoit placé sa principale confiance.

Mais, qu'eſt il néceſſaire que je releve le mérite de la Géographie à l'égard des Princes? puiſque j'ai l'honneur de m'adreſſer à un Prince, qui dans l'âge livré ordinairement aux amuſemens, montre déja un diſcernement ſûr & un goût marqué, pour toutes les connoiſſances utiles à remplir ſon état; en quoi il ſeconde ſi parfaitement les ſoins éclairés & l'application des perſones habiles, chargées d'une éducation ſi pretieuſe. Il n'eſt pas douteux, MONSEIGNEUR, que cet heureux aſſemblage de belles qualités, qu'on voit prématurement en la perſonne de VOTRE ALTESSE SE'RE'NISSIME, *ne soit un effet particulier de la bonté Divine, qui veut récompenser d'avance les vertus éminentes & la piété Chrétienne du grand Prince à qui vous devez le jour.*

C'est avec l'agrément de ce Prince que je prens la liberté de vous présenter cet ouvrage, & cela me procure l'honneur de me dire avec le plus profond respect,

MONSEIGNEUR,

DE VOTRE ALTESSE SÉRÉNISSIME

Le très-humble, très obéissant & très dévoué serviteur

D'ANVILLE,
Géographe ord^{re}. du Roi.

AVERTISSEMENT.

J'Etois dans la résolution de ne rien dire, sur les différentes opinions qui partagent aujourd'hui les Sçavans, au sujet de quelque inégalité dans le diametre de la Terre, puisque mon opinion particuliere, & le fondement sur lequel elle est établie, n'ont rien de commun avec ces opinions diverses. Mon intention étoit de témoigner par ce profond silence, que je n'avois aucun dessein de contrarier, ou d'enchérir sur personne, en proposant une nouvelle Mesure de la Terre. Mais, il est peut-être à craindre d'un autre côté, qu'on n'impute ce silence à quelque envie de relever la singularité d'une découverte, ou tout au moins à quelque deffaut d'égard ou trop grande indifférence, pour les opinions de personnes, également respectables par le genre & le dégré de leur sçavoir.

Il y a des Sçavans qui se persuadent, que la Terre est semblable à une pâte molle & fluide, & que comme telle, elle a été assujettie dans sa forme, à l'impression de son mouvement & de sa révolution sur l'Axe de l'Equateur. La Force centrifuge, plus grande sur l'Equateur que sur tout autre cercle parallele plus petit, a dû élever les parties de la Terre vers l'Equateur, & par conséquent la Terre aura été abaissée d'autant vers les Pôles. Si la Terre a été formée parfaitement Sphérique, cette conséquence de son mouvement diurne, qui a suivi sa formation, a dû en faire un Sphéroïde applati. Sur la découverte que Monsieur Richer fit à Caïenne en 1672, à environ quatre degrés de la la Ligne, que le Pendule devoit y être accourci, pour battre les mêmes secondes de mouvement moyen qu'à Paris, on a conclu que la Pesanteur, qui selon qu'on la conçoit ordinairement pousse les corps vers le centre, que la Pesanteur dis-je, étoit moindre vers l'Equateur, & qu'elle devoit croître en approchant des Pôles. Et en effet, si on a égard à l'effet de la Force centrifuge, dans le principe qu'elle éleve les corps, onsent bien que cet effort contraire à l'effet de la Pesanteur, qui est d'abaisser, doit le rallentir & diminuer, à proportion de ce que l'effet de la Force centrifuge est plus considérable. C'est sur cela que Monsieur Huygens a formé un systeme de la Terre applatie par les Pôles, & plusieurs grands Philosophes, notament le celebre Monsieur Newton, ont soutenu cette hypothese. Celui-ci a même encheri sur le prémier, qui n'a jugé la différence entre le Diametre de l'Equateur & l'Axe de la Terre que de la 578me partie de ce Diametre; au lieu que le second fait monter cette différence à la 230me partie du même Diametre.

Mais d'un autre côté, Messieurs Cassini pere & fils, ont remarqué dans leurs grandes Opérations sur le Méridien de Paris, qui traverse près de neuf degrés dans l'étenduë de la France, que les degrés de Latitude terrestres vont en diminuant du Midi vers le Septentrion, d'où Monsieur Cassini le fils a conclu, que la surface de la Terre doit avoir la figure d'une Ellipse allongée vers les Pôles, dont la proprieté soit, qu'étant divisée en degrés par des perpendiculaires élevées sur sa surface, chacun de ces degrés diminue en s'approchant des Pôles, & augmente en s'en écartant. La différence entre l'Axe de la Terre & le Diametre de l'Equateur, suivant l'hypothese de Monsieur Cassini, sera la 95me partie de ce Diametre. Le petit Axe ou le Diametre de l'Equateur aura 68000 5 à 600 toises de moins que le grand Axe ou l'Axe de la Terre, c'est-à-dire environ 24 lieues, de celles que l'on compte ordinairement sur le pied de 20 pour l'étenduë d'un degré. Voila donc la figure de la Terre changée plus sensiblement en Sphéroïde oblong, qu'elle n'est Sphéroïde contraire ou applati dans l'hypothese de Messieurs Huygens & Newton.

On a combattu l'hypothese de Monsieur Cassini, par l'insuffisance des meilleurs Instrumens qui soient connus, & ainsi de ceux là même dont on s'est servi dans le travail de la Méridienne, à donner une précision telle qu'il la faudroit, pour pouvoir conclure positivement la différence ou l'inégalité des degrés de Latitude, qui est le fondement de cette hypothese de la Terre oblongue. Dans l'instrument de dix pieds de rayon, qui a servi à l'observation de la Latitude aux deux extrémités du Royaume, la 200me partie d'un pouce, qui paroît la moindre grandeur visible, répond à huit secondes de degré, & delà on conclud, qu'on n'a pû prendre aucun angle avec certitude, plus précisément qu'à plusieurs secondes près. Il n'est pas douteux que cette remarque ne soit éxacte en elle même : cependant, pourquoi dans des observations reïtérées, l'insuffisance des Instrumens seroit-elle plûtôt contraire à l'opinion de Monsieur Cassini, que favorable ? En serons nous moins obligés, de regarder le travail de la Méridienne de Paris, comme la plus grande & la plus solide Opération de Géométrie pratique qu'on ait encore vûe?

Monsieur de Mairan a fait entendre, par des recherches délicates de Géométrie, que les conséquences qu'on a tirées de l'accourcissement du Pendule vers l'Equateur, peuvent servir à établir le sistême du Sphéroïde oblong, & lui sont même plus favorables qu'à celui de la Sphére parfaite ou du Sphéroïde applati. Dans la persuasion où je suis en particulier, que la Terre doit être sensiblement oblongue, il me semble qu'on ne peut que trouver les idées consiliatrices de Monsieur de Mairan très ingénieuses; & s'il faut que la Terre ait souffert quelque élévation vers l'Equateur, par l'effet de la Force centrifuge contrariant celui de la Pesanteur, disons avec Monsieur de Mairan, que la Terre a donc été plus oblongue dans sa formation. Les directions de la Pesanteur, toujours perpendiculaires ſur toutes les parties de la ſurface de la Terre, même Elliptique, auront occupé un plus grand lieu de tendance ſur le grand Axe, ou de part & d'autre du centre. Il eſt à préſumer en général, que quand on aura bien meſuré la Terre telle qu'elle eſt aujourd'hui, & que par ſa meſure actuelle & les obſervations immédiates, on en connoîtra poſitivement la figure & les vrayes dimenſions, alors il y aura moins de riſque à tous égards, à raiſonner ſur les effets compliqués de la Peſanteur & de la Force centrifuge. On verra, ſi pour décider de la figure actuelle de la Terre, il ſuffit de ſe perſuader, que l'action de la Peſanteur vers un point, ſoit l'unique principe de la formation de la Terre. Or, cela n'empêche pas, que Meſſieurs Deſaguliers & Brook-tailer, membres de la Société Royale de Londres, n'ayen entrepris de ſoûtenir la figure donnée à la Terre par Monſieur Newton, & on peut ouvrir ſur cela les Tranſactions Philoſophiques, N°. 386 & ſuivans.

Il n'eſt pas douteux, qu'il ne revienne beaucoup d'honneur à chacun de ces Meſſieurs, tant d'un parti que de l'autre. *Non noſtrum eſt*, leur dirai-je, *inter vos tantas componere lites*. Il ne m'eſt pas même eſſentiel d'entrer dans une pareille diſcution. Ce ne ſera point bleſſer, ce me ſemble, ni l'exactitude requiſe dans l'étude & dans la compoſition de la Géographie, ni la conſidération dûë aux auteurs du Sphéroïde applati, de dire, que la délicateſſe de ce ſyſtême n'a pas dû frapper aſſez conſidérablement les Géographes, pour les troubler dans leur travail, & les aſſujettir dans leurs Cartes à quelque diſtinction de deux differens Diametres de la Terre. L'hypotheſe du Sphéroïde oblong, en conſéquence de l'inégalité des degrés ſur le Méridien, a ſans doute quelque choſe de plus ſenſible. Cependant, ſi l'on y prend garde, la plus grande diſproportion ou différence dans l'étenduë des degrés, qui tombe ſur les deux extrémités, vers l'Equateur d'un côté & vers un Pôle de l'autre, ne paroît regarder que des contrées, ſur leſquelles une certaine préciſion dans les ouvrages de Géographie n'eſt gueres praticable, ni requiſe, & ne ſeroit pas trop ſenſible. Cette conſidération peut mettre quelque ſorte d'indifférence dans l'eſprit d'un Géographe, ſur l'inégalité des degrés de Latitude, & l'hypotheſe qui en réſulte. Il ſemble qu'il faille quelque choſe de plus conſidérable, pour que la Géographie s'en apperçoive, & veuille ſouffrir du changement. Or, par la conſéquence de la Meſure de la Terre qu'on expoſe ici, il ne s'agit pas moins que d'ôter 300 lieues marines, & peut être plus, à la circonférence de la Terre ſur l'Equateur, ce qui n'eſt point indiqué autrement que par la Géographie même, & par la meſure poſitive des eſpaces de Longitude ſur différens Paralleles.

Je me flatte de ne pouvoir être ſoupçonné d'aucun motif de ſingularité en faiſant une pareille propoſition. On trouvera dans ſon préliminaire des faits, qui feront foi que je me ſuis long-temps abſtenu de la mettre au jour, choſe incompatible avec quelque déſir de ſe diſtinguer par une opinion ſinguliére. Mais, quand Monſieur Caſſini n'auroit pas trouvé l'année derniére, une preuve non équivoque de cette opinion, il ne m'étoit plus poſſible de différer de la produire. Car, étant ſur le point d'entreprendre un corps de Géographie, & convaincu en même temps, qu'il y a au moins une trentiéme partie à rabattre, sur l'étenduë qu'on a donné jusqu'à présent par pure supposition, à la graduation de Longitude sur les Paralleles, il est évident, que le prémier pas que j'aye à faire, est de rendre compte au public de l'opinion qui me gouverne, sans quoi une innovation si considérable en Géographie, pourroit paroître hazardée témérairement & sans preuve.

La discution Géographique, qui remplit à peu près l'écrit suivant, ce détail de mesures particuliéres & de combinaisons, tout cela auroit été abregé, & réduit même à ce qui en résulte en total, si on avoit osé pareille chose. Mais, il étoit convenable de penser, que la confiance du public se mesureroit sur ce détail même. Ainsi, sans rien ajuster ni soustraire, on ne fait point difficulté d'en communiquer toutes les circonstances, quoique dans leur grand nombre il soit à craindre de n'avoir pas toujours rencontré le même degré de justesse, & qu'un semblable détail ne fournisse qu'une lecture assez seche. S'il est vrai au reste, qu'on ne puisse trop développer des circonstances, dont il résulte quelque chose d'extraordinaire, il faut aussi convenir, que l'attachement à ce principe est un témoignage de bonne-foi, dans celui qui fait une proposition singuliére & nouvelle. Indépendament de cette considération, il n'est pas indifférent d'observer, qu'il revient vrai-semblablement quelque profit à la Géographie de notre France en particulier, de la discution dont il s'agit, & je n'aurois point à hésiter de l'entreprendre beaucoup plus étenduë si je me trouvois en état de la répandre ainsi sur presque toutes les parties du Royaume. Je suis assuré, que les personnes qui ne bornent pas leur goût aux choſes purement agreables, me ſçauroient gré d'un pareil travail, & y verroient quelque choſe d'intéreſſant.

Au-reſte, quelque attention que j'aye apporté, à connoître & combiner toutes les meſures & autres circonſtances qui ſont ici expoſées, dans une eſpace de Longitude pris en France, je ne me rendrois pas garant de toutes les parties de ce détail également, & ne répondrois pas en général, que ce qui s'écarte du bord de la Loire, fût partout auſſi précis que la meſure des eſpaces le long de cette riviére. Pour être bien aſſuré que le même degré de préciſion ne manquât nulle part, il n'auroit pas moins fallu qu'un enchaînement éxact d'opérations Trigonométriques. Mais, la même délicateſſe avec laquelle j'ai fait uſage de ces meſures, me fait prendre volontiers un engagement envers

envers le public, qui eſt de lui rendre un fidele compte des défauts qui me ſeront indiqués, & des corrections que les perſonnes habiles & à portée d'en faire, voudront bien me communiquer, & auxquelles je les invite de bon cœur. Je n'aurai pas moins d'exactitude, à déclarer des circonſtances qui pourroient être contraires à la propoſition dont il s'agit ici, que celles qui la favoriſeroient, & c'eſt un détail qui ne peut m'échapper dans l'examen d'une Carte de la France, à laquelle il eſt bien naturel de voüer une attention particuliére.

Le public pourra juger dès-à préſent de ma ſincérité. Je dois, comme je l'ai annoncé dans mon écrit, la meſure du bord de la Loire, à Monſieur de Regemorte, Ingénieur du Roi & de Monſeigneur le Duc d'Orleans. J'en ai reçu une Lettre vers la fin du mois de Septembre passé, c'est-à-dire lorsque le corps de cet ouvrage étoit presque entiérement imprimé, laquelle renfermoit une mesure d'une partie de 7000 toises, sur la route de Chateau-Dun à Orleans, mesure prise exactement à la chaine par Monsieur Desroches, Ingenieur des Ponts & Chaussées dans la Généralité d'Orleans. En conséquence de cette mesure, que je suis bien faché de n'avoir pas reçuë plûtôt, il ne paroît pas douteux, & je ne hésite point à dire, que la position de Château-Dun doit être plus occidentale ou plus distante du Méridien de Paris, d'environ 400 toises, ou de la sixiéme partie d'une lieue ordinaire, que par le détail des mesures ci-après, & la position marquée sur la petite Carte. Je ne suis point incertain sur le lieu de la défectuosité, que je sens bien être répanduë dans l'intervale marqué sur cette Carte entre Chateau-Dun & le clocher de Villamblain.

J'avoue que ce reculement de la poſition de Château-Dun, m'a mis en quelque ſorte d'inquiétude, pour ce qui ſe trouve compris dans le même eſpace de Longitude, aux environs de la Loire. L'obliquité du cours de ce fleuve, juſques vers l'entrée de la petite riviére de Beuvron, pourroit donner lieu à quelque défectuoſité de la même eſpece, non-obſtant la préciſion des meſures données le long de ce fleuve, & malgré les précautions qui ont été priſes dans les combinaiſons Géographiques de la Carte du Diocèſe de Blois, dont il eſt parlé dans ce qui ſuit. Je me ſuis examiné pour ainſi dire, ſur cela, j'ai recherché ce qui pourroit convenir & quadrer avec le dérangement arrivé dans la poſition de Chateau-Dun. Avec cette intention-là, j'ai ſenti à la vérité, que la position de Blois souffriroit bien d'être poussée de quelques centaines de toises, à placer dans son intervale de Chaumont qui est d'environ 22000 toises; mais il ne m'a point paru, que cette augmentation de distance pût équivalloir celle qui s'est manifestée à l'égard de Chateau-Dun. Ce n'est pourtant pas, que je veuille ménager le terrain dans l'espace que traverse la Loire, sur lequel je compte plus particuliérement. Il faudroit un bien plus grand excès d'étenduë dans cet espace, pour détruire le fondement & l'appui qu'il donne à la Propositiou du rétressissement de la Terre. On verra qu'il y a une étenduë de 4000 toises pour le moins comme en réserve, dans l'intervale mesuré ci-après, entre le passage du Méridien de Paris & la position de Brest; & pour s'en appercevoir, il ne faut que faire attention à une derniere remarque, & par laquelle se termine l'analyse ou discution Géographique qu'on donne ici.

Il faut espérer au reste, que la question ne demeurera point indécise, & qu'il ne restera plus d'équivoque sur la figure de la Terre. LE ROI veut bien s'intéresser à cette question, & par le soin de ses Ministres, nous voyons au milieu de la guerre, une troupe d'Astronomes & de Géometres destinée à se rendre dans des contrées voisines de l'Equateur, où des Opérations exactes serviront à l'éclaircissement de cette difficulté, & de plusieurs autres points importans d'Astronomie.

ERRATA.

Dans l'avertissement, p. xxij. l. 2. donné *lis.* donnée p. xxiv. l. 6. apporté *lis.* apportée.

P. 47., *l.* 15. D. Maure, *lisez* D. Maur.

P. 92. *l.* 17. a différence, *lisez* la différence

P. 94. *l.* 10. ieues, *lisez* lieues.

APPROBATION.

J'Ai lû par ordre de Monseigneur le Garde des Sceaux la *Proposition d'une nouvelle Mesure de la Terre.* Et je n'y ai rien trouvé qui en doive empêcher l'impression. Fait à Paris ce 13. Juillet 1734.

FONTENELLE,

PRIVILEGE DU ROY.

LOUIS par la grace de Dieu, Roi de France & de Navarre : A nos amez & feaux Conseillers, les Gens tenans nos Cours de Parlement, Maîtres des Requêtes ordinaires de nôtre Hôtel, Grand Conseil, Prevôt de Paris, Baillifs, Sénéchaux, leurs Lieutenans Civils & autres nos Justiciers qu'il appartiendra, Salut. Notre bien amé le Sieur D'ANVILLE Nous ayant fait supplier de lui accorder nos Lettres de permission pour l'Impression d'un Ouvrage qui a pour titre : *Proposition d'une Mesure de la Terre par ledit Sieur D'ANVILLE*, offrant pour cet effet de le faire imprimer en bon papier & beaux caracteres, suivant la feüille imprimée & attachée pour modele sous le contrescel des Presentes ; Nous lui avons permis & permettons par ces Presentes de faire imprimer ledit Livre ci-dessus specifié, conjointement ou séparement & autant de fois que bon lui semblera, & de le faire vendre & debiter par tout notre Royaume pendant le tems de trois années consécutives, à compter du jour de la date desdites Presentes; Faisons defenses à tous Libraires, Imprimeurs & autres personnes de quelque qualité & condition qu'elles soient, d'en introduire d'impression Etrangere dans aucun lieu de nôtre obéissance, à la charge que ces Presentes seront enregistrées tout au long sur le Registre de la Communauté, des Libraires & Imprimeurs de Paris, dans trois mois de la date d'icelles, que l'impression de ce Livre sera faite dans nôtre Royaume & non ailleurs; & que l'impetrant se conformera en tout aux Reglemens de la Librairie, & notament à celui du dix Avril 1725. Et qu'avant que de l'exposer en vente le Manuscrit ou imprimé qui aura servi de copie à l'impression dudit Livre sera remis dans le même état ou l'Aprobation y aura été donnée, ès mains de nôtre trés-cher & féal Chevalier Garde des Sceaux de France le Sieur Chauvelin, & qu'il en sera ensuitte remis deux Exemplaires dans nôrte Bibliotheque publique, un dans celle de nôtre Château du Louvre, & un dans celle de nôtre très cher & féal Chevalier Garde des Sceaux de France le Sieur Chauvelin, le tout à peine de nullité des Présentes du contenu desquelles vous mandons & enjoignons de faire joüir ledit exposant ou ses ayant causes, pleinement & paisiblement sans souffrir qu'il leur soit fait aucun trouble ou empéchement. Voulons qu'à la copie desdites Présentes qui sera imprimée tout au long au commencement ou à la fin dudit Livre, foi soit ajoûtée comme à l'original. Commandons au premier nôtre Huissier ou Sergent de faire pour l'execution d'icelles tous actes requis & nécessaires, ſans demander autre permiſſion, & nonobſtant Clameur de Haro, & Chartre Normande, & Lettres à ce contraires: Car tel eſt notre plaiſir. Donné à Verſailles le 19. jour d'Août, l'an de grace 1734. & de notre Regne le dix-neuviéme. Par le Roi en ſon Conſeil.

SAINSON.

Regiſtré ſur le Regiſtre VIII. de la Chambre Royale & Syndicale des Libraires & Imprimeurs de Paris, No. 761. fol. 754. conformément aux Reglements de 1723 qui fait deffenſe art. IV. à toutes perſonnes de quelque qualité qu'elles ſoient, autres que les Libraires & Imprimeurs de vendre, debiter & faire afficher aucuns Livres pour les vendre en leur noms, ſoit qu'ils s'en diſent les Auteurs ou autrement. Et à la charge de fournir les Exemplaires preſcrits par l'art. VIII. du même Reglement. A Paris le 29. Août 1734.

Signé G. MARTIN Syndic.

PROPOSITION D'UNE MESURE DE LA TERRE,

DONT IL RESULTE UNE DIMINUTION CONSIDERABLE DANS SA CIRCONFERENCE SUR LES PARALLELES.

IL n'y a rien de plus ordinaire dans la Géographie, que de voir la grandeur des pays diminuer ſur les Cartes, à meſure qu'on prend une connoiſſance plus exacte & plus préciſe de leur forme & de leur étenduë. Le principe de cela eſt dans la nature des connoiſſances Géographiques, dont les prémieres ſont preſque toujours éxagérées ou moins circonſpectes dans les meſures qu'elles donnent, que celles qui ſont enſuite plus étudiées & plus parfaites. La plûpart des Géographes n'ont pris trop de place pour quelques parties de la Terre, qui ont plus particuliérement fait l'objet de la Géographie, que parce que d'autres parties ont moins demandé, ou n'ont point obtenu, ſi l'on peut s'exprimer ainſi, ce qui leur appartient d'étenduë. Sans celà, il eſt à préſumer, que la grandeur de la Terre n'étoit pas ſuffiſante; & je ſuis perſuadé que le ſyſtême de quelques Géographes éxige plus d'étenduë dans la circonférence de la Terre ſur les Paralleles, que l'égalité dans ſon diametre n'en admet.

Il n'eſt pas étonnant, qu'on ait, généralement parlant, moins éxagéré dans l'étenduë en Latitude, que dans celle qui eſt en Longitude, & on en voit aiſément la raiſon dans le moyen qu'il y a de ſe fixer par la hauteur du Polè ou diſtance de l'Equateur. Mais, ſi en s'aſſujettiſſant à la détermination de Latitude de deux points, on les met nonobſtant cela à une trop grande diſtance l'un de l'autre, il eſt évident que cela ne peut ſe faire, qu'en les écartant davantage du même Méridien, & en multipliant la différence de Longitude. Conſéquemment, l'étenduë entre l'Occident & l'Orient prend plus d'eſpace, & parce qu'on eſt gêné entre le Nord & le Midi, on ſe dédommage de l'autre ſens. Heureuſement pour la Géographie qu'on y a introduit la détermination Aſtronomique des Longitudes, & par là on a corrigé des erreurs immenſes dans les Cartes qui avoient été les plus eſtimées.

Je ſuis convaincu depuis long-temps, qu'en prenant une juſte idée des meſures données par les Anciens, & en uſant avec quelque précaution des diſtances itineraires & des courſes ou meſures de Marine, on pouvoit prévenir à peu près quelques-unes de ces déterminations Aſtronomiques de Longitude, qui ont occaſionné tant de réforme. Mais, comme toutes les conditions qui ſont néceſſaires pour qu'il y ait ſuffiſamment de juſteſſe & de préciſion dans ces déterminations, n'entrent peut-être pas également dans tout ce qui eſt produit ſur ce pied-là, il eſt d'un Géographe attentif & ſcrupuleux de n'y pas déférer ſans quelque éxamen ou vérification de convenance, du moins autant qu'il trouve moyen de le faire. D'ailleurs, ces déterminations ne ſe rencontrent pas toujours aux endroits capitaux, & où il ſeroit plus avantageux de les avoir. Ainſi on peut dire, qu'il y a preſque toujours beaucoup à travailler pour un Géographe dans les eſpaces en Longitude

C'eſt préciſement cette difficulté de Géographie; qui m'a fait appercevoir de ce qui fait le ſujet du préſent écrit. Bien-loin d'excéder les déterminations de Longitude dans leur intervale, je les ai ſouvent ſenti trop diſtantes, c'eſt-à-dire qu'il m'a paru, que par la meſure actuelle ou à peu près ſon équivalent, on ne remplissoit pas l'intervale d'un Méridien à l'autre, en supposant leur distance telle que l'opinion ordinaire l'établit, & suivant laquelle le cercle de l'Equateur doit être égal à celui d'un Méridien.

J'ai combattu d'abord les prémieres apparences de ce qui fait actuellement mon opinion. Elle ne s'est formée, que parce qu'il a fallu céder au concours d'une infinité de circonstances, qui m'ont toujours conduit vers le même point mis en évidence. Sans être en aucune maniere séduit par quelque idée flatteuse d'apporter du changement dans la forme & l'étenduë du Globe, je n'ai longtemps senti en cela que de l'embarras. Car, d'un côté, je ne pouvois me dispenser de croire, que cette forme & cette étenduë n'étoient pas telles qu'on l'avoit cru jusqu'à présent ; & de l'autre, je n'osois agir en conséquence, quoiqu'en pareil cas, l'impartialité & l'indécision ne soient pas soutenables. Il faut que j'avouë, que j'ai eu quelque temps en pensée, qu'on ne pouvoit proposer une hypothese singuliere & différente de l'opinion commune, sans courir le risque d'être mal-traité, puisque plusieurs excellents hommes, dont on ne s'avise plus aujourd'hui de combattre les opinions, n'ont pû l'éviter dans leur temps.

Mais, quoique je ne me sois pas senti d'abord autant de courage qu'il m'en falloit pour proposer au public une nouvelle Mesure de la Terre; cependant je me suis ouvert sur cela d'assez bonne heure à quelques perſonnes diſtinguées par leur capacité & par leur rang, & j'ai eu l'honneur d'en entretenir il y a plusieurs années Monſieur l'Abbé Bignon, qui m'a dès-lors paru diſpoſé à croire, que les réformes de Géographie, dans les eſpaces d'Occident en Orient, leſquelles paroiſſent augmenter à meſure qu'on perfectionne davantage, que ces réformes dis-je, peuvent bien influer juſques ſur le diamétre de la Terre ou ſa circonférence dans ce ſens-là. Outre que j'ai parlé, c'eſt qu'enfin je n'ai pû m'empêcher d'agir. Dans une Carte de l'Egliſe d'Afrique, qui doit entrer avec pluſieurs autres dans *l'Oriens Chriſtianus* du R. Pere Le-Quien, Dominicain, qu'on imprime actuellement au Louvre, j'ai ôté près de deux minutes & demie, ou preſque une vingt-quatriéme partie, ſur l'intervale de chaque Méridien d'un degré à l'autre. Cette Carte s'étend depuis le détroit de Gibraltar juſqu'au fond de la grande Syrte. Elle comprend plus de vingt-quatre degrés en Longitude, & j'ai composé pour la dreſſer avec plus de préciſion, une minute ou premiere Carte, dont l'Echelle n'a pas moins de cinq pouces ou ſoixante lignes pour l'étenduë d'un degré de Latitude. J'achevai cette Carte après un aſſez long & ſcrupuleux travail, au mois de Decembre 1732, & le R. P. Le-Quien voulut bien y mettre ſa ſignature quelques mois avant ſa mort, arrivée au mois de Mars 1733. C'eſt le premier ouvrage que j'aye pris la licence de dreſſer ſur ce pied-là. J'ai fait enſuite de même dans une Carte du Paraguai, que le R. P. Duhalde m'a fait l'honneur de me demander, pour le vingt & uniéme Recueil des Lettres édifiantes & curieuses des Missionnaires de la Compagnie de Jesus. Le dessein original de cette Carte est datté du mois d'Octobre du même an passé 1733.

Si j'avois été moins persuadé, je n'aurois pas envisagé avec assûrance l'entreprise de Monsieur Cassini, de mesurer dans l'étenduë de la France la Parallele de l'Observatoire de Paris. J'aurois appréhendé le résultat & la conclusion d'un travail aussi solide, & qui mérite autant de confiance. Mais, j'ose dire, que je n'ai pas été plus prévenu de l'avantage que la Géographie devoit retirer de ce travail, que de la convenance qui s'y rencontreroit avec l'opinion du rétreſſiſſement de la Terre ſur les Paralleles. Bien-loin de craindre le renverſement de ce ſyſtême, j'en ai attendu la confirmation & l'établiſſement. J'ai eu aſſez de perſuaſion ſur cela, pour l'annoncer d'avance à pluſieurs perſonnes, notamment à Monſeigneur l'Evêque de *** qui fait actuellement lever la Carte de ſon Diocèſe par un habile Géometre, que Monſieur Caſſini lui a produit. Monſieur Caſſini ayant comparé la diſtance Géometrique, qui réſultoit de ſes Opérations depuis Paris, avec des Obſervations de Longitude faites à S. Malo & au Mont-S. Michel par Monſieur Picard, a trouvé dans la meſure de plus de quatre degrés, que l'intervale des Méridiens étoit d'une trente-ſixiéme partie plus petit que ſuivant l'opinion ordinaire, &

qu'il paroiſſoit plus de mil toiſes de moins dans l'étenduë de chaque degré de Longitude, que l'on a juſqu'à préſent ſuppoſé par la Latitude de Paris, de 37500 & environ 50 toiſes. Après avoir oüi ſur cela le rapport de diverſes perſonnes, M. Caſſini lui-même a bien voulu m'en inſtruire.

Je n'ai point entrepris de mettre par écrit tous les détails de Géographie, qui ont contribué à me faire croire, que la Terre eſt bien moins étenduë dans ſon diamétre Eſt & Oueſt que Nord & Sud. Ce ſeroit aſſez de matiere pour un juſte volume, qui demanderoit plus de loiſir que je n'en ai actuellement, & dont il eſt bon de ſçavoir que la diſcution ſe porteroit ſur pluſieurs parties de la Terre. Dans le deſſein

où

où je ſuis d'écrire ſur quelques Ouvrages de Géographie que je médite, je prévois qu'en faiſant l'analyſe d'une infinité de diſtances ou d'étenduës, il faudra ſouvent revenir à la même hypotheſe. Je ne produirai particuliérement ici qu'une ſeule piéce, qui n'a fait que me confirmer dans un parti déja pris, mais qui m'a ſemblé tout-à-fait poſitive, & propre à faire juger avec préciſion du rétreſſiſſement de la Terre dont il s'agit.

Pour entrer en matiére ſur ce ſujet, il eſt à propos de dire, que feu Monſeigneur de Caumartin, Evêque de Blois, me fit l'honneur de me propoſer au commencement de l'année 1732 la compoſition d'une Carte fort circonſtanciée de ſon Diocèſe. Je dreſſai pour cet effet un Mémoire & fis une eſpece de Chaſſis de Carte, leſquels diſtribués circulairement dans toutes les Paroiſſes du Diocèſe de Blois, produiſirent par la recommandation de Monſieur de Blois, & l'intelligence particuliére qui étoit en ce Prélat, un nombre de Cartons égal à celui des Paroiſſes; & cela en fort peu de temps & ſans grande dépenſe. Une infinité de perſonnes, parmi leſquelles il y en a du prémier rang, ſont informées de ce que j'avance. Monſieur de Blois engagé par ce prémier ſuccès, à procurer à la Carte dont il affectionnoit la compoſition, tous les moyens de préciſion & d'abondance dans le détail, raſſembla un grand nombre de plans particuliers, levés & arpentés en divers endroits, par des gens mêmes faiſans profeſſion de ce genre de travail. Mais, un morceau que j'eus une ſatisfaction infinie d'obtenir, fut un plan exact du bord de la Loire, en ſuivant la Levée, depuis Orleans juſqu'au bord de l'Authion, près des Ponts de Cé & d'Angers. Quoique Monſieur de Blois eût un grand empreſſement de voir ſa Carte, il voulut bien me permettre d'en ſuſpendre la compoſition juſqu'à l'arrivée de cet important morceau, qui ne me fut envoyé qu'au mois de Décembre de la même année 1732.

Le plan dont je parle eſt un ouvrage de Monſieur de Regemorte, Ingenieur du Roi, Inſpecteur des Levées de la Loire, & chargé par Monſeigneur le Duc d'Orleans de l'inſpection des Canaux du Loin & d'Orleans, auſſi recommandable par un caractere infiniment obligeant comme par beaucoup d'habileté. Il m'a assûré que la mesure du plan en question, qui devoit être son mérite essentiel, avoit été vérifiée plusieurs fois. Pour que ce plan fût susceptible de la plus grande précision dans le détail, on a pris en le levant sur les lieux, une ligne pour dix toises. La réduction qu'on en a fait avec grand soin & beaucoup de propreté & d'élégance, est sur le pied d'une ligne pour cent toises, comme je l'ai demandé. Ainsi pour l'étenduë d'un degré de Latitude, qui contient cinquante sept mil soixante ou quatre-vingt toises, l'Echelle de cette réduction vaut encore trois pieds onze pouces & environ sept lignes, ce qui est presque huit fois aussi grand que l'Echelle des Cartes de la Méridienne de Paris, sur le pied qu'on les a publiées. Il eſt à remarquer, qu'il y a quelques intervales ſans Levée, apparament parce que ces endroits-là n'en ont pas beſoin. Or, cela fait interruption dans le plan de la Levée. Mais, Monſieur de Regemorte non content de donner une réduction de ce plan, a bien voulu faire meſurer ces intervales, qui ont été compris dans le plan réduit, lequel eſt ainſi ſans interruption, depuis Orleans juſqu'en approchant d'Angers.

La Levée de la Loire eſt une ſurface égale, propre à être meſurée fort exactement. L'objet de cette meſure & l'attention qu'on y a apportée, ſont encore des garants de ſon exactitude. On a prétendu pouvoir régler l'entretien & les réparations des parties de la Levée, ſur la meſure du plan, comme ſur un toiſé du terrain même. Cette Levée ſuit à la vérité le cours d'une riviére. Mais, par un cas particulier, cette riviére coule preſque tout droit. A peine remarque-t-on quelques petits détours dans tout l'eſpace dont il s'agit. Encore eſt-il cenſé, que les coudes ont été relevés, puiſqu'ils ſont exprimés dans le plan.

Ainſi, j'ai été perſuadé, que ce plan de la Levée de la Loire fourniſſoit une meſure actuelle & poſitive d'un grand eſpace, qui eſt preſque entiérement d'Orient en Occident, & auquel ſe joint naturellement la diſtance entre Orleans & la Méridienne de Paris, diſtance connue par les Triangles qui ont ſervi à établir cette Méridienne. J'eſſayerai même d'y ajoûter encore ce qu'il y a de diſtance depuis Angers juſqu'à Nantes, dont la Longitude différe du Méridien de Paris de près de quatre degrés. C'eſt une aſſez grande quantité de Longitude, eu égard à l'avantage d'avoir la meſure exacte de ſa véritable étenduë; & cette meſure a été pour moi dautant plus conſidérable, que quand je l'ai reconnuë, il n'étoit pas encore queſtion des Opérations de la Parallele de Paris, que Monſieur Caſſini commença l'année derniére, & qu'il acheve heureuſement celle-ci. Mais il eſt à propos qu'on ſoit prévenu, que nous n'en demeurerons point ici à l'intervale que Nantes renferme, & qu'en pouſſant juſqu'à Breſt, nous embraſſerons une eſpace d'environ ſept degrés.

Au-reste, s'il paroît de la vanité à dire, que j'avois non seulement prévenu Monsieur de Blois de mon opinion du rétressissement de la Terre, mais même qu'il étoit préparé à en voir une preuve dans la mesure de la Levée, j'espere qu'on voudra bien me le pardonner. Car c'est un fait qu'il ne paroît pas indifférent de taire, & que je puis justifier par plusieurs Lettres de Monsieur de Blois, qui m'écrivoit ainsi le douze Septembre 1732. *Je vous garderai le secret, sur la preuve que vous esperez acquérir par Monsieur de Regemorte, sur la figure Elliptique du prétendu Globe de la Terre.* Ces paroles sont un témoignage sans équivoque de ce que je pensois dès-lors : on y reconnoîtra même, si l'on veut, ce deffaut de courage dont j'ai parlé ci-dessus.

Dans un grand nombre de Lettres dont le même Prélat m'a honoré, il y en a une du 12 Décembre de la même année, qui commence ainsi : *Je reçois dans l'instant votre Lettre du 10, qui m'apprend ce que je vous marquois hier que j'avois tant d'envie de sçavoir, que vous avez enfin entre les mains l'ouvrage de Monsieur de Regemorte. Vous voila donc sûr de l'évenement, vous voila confirmé dans vos idées sur la forme du soi-disant Globe de la Terre.*

La Carte du Diocèse de Blois, quoiqu'à peu près achevée, a été comme ensevelie avec l'illustre Prélat qui lui avoit donné l'être. Cet ouvrage mis en lumiere produiroit peut-être un avantage général, en ce que le moyen singulier dont on s'est servi pour parvenir à dresser une Carte autant circonſtanciée, & d'une juſteſſe correſpondante, paroîtroit une voye facile d'acquerir du détail dans la Géographie, & de perfectionner à cet égard les Cartes particuliéres des Provinces de France, qui ſont encore exceſſivement défectueuſes. Au-reſte, quoiqu'il arrive, je ne puis avoir de regret au temps que l'ouvrage de Blois m'a coûté, puiſqu'il entre pour beaucoup dans l'analyſe Géographique, que j'ai l'avantage de mettre ſous les yeux du public.

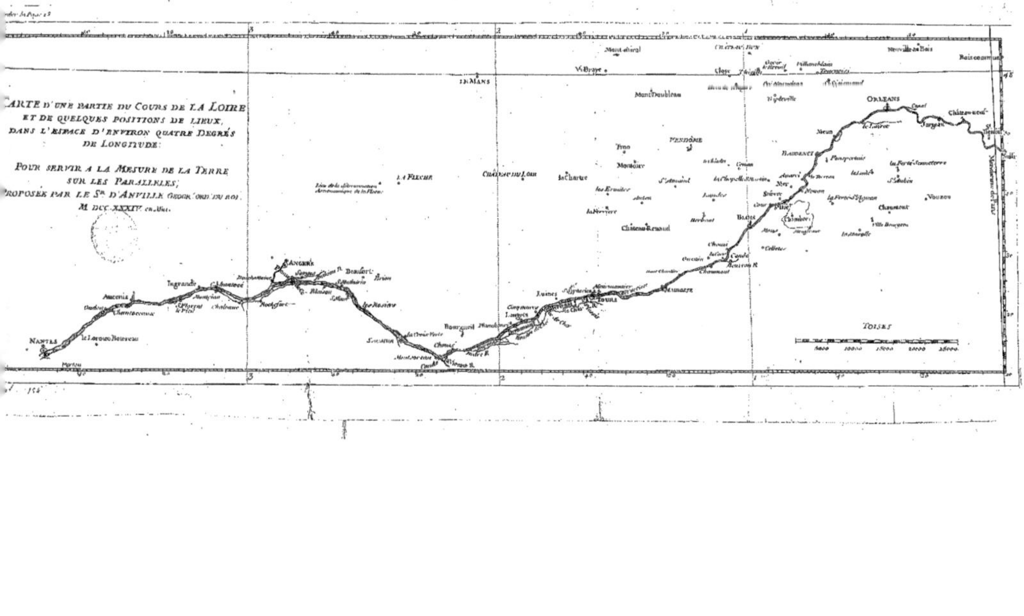

CARTE D'UNE PARTIE DU COURS DE LA LOIRE
ET DE QUELQUES POSITIONS DE LIEUX,
DANS L'ESPACE D'ENVIRON QUATRE DEGRÉS
DE LONGITUDE:

POUR SERVIR A LA MESURE DE LA TERRE
SUR LES PARALLELES;
PROPOSÉE PAR LE S[r] D'ANVILLE GEOGR. ORD. DU ROI.
M DCC XXXIV en Mai.

Nantes
Ancenis
Ingrande
Angers
Beaufort
Saumur
Tours
Amboise
Blois
Orleans
Le Mans
La Fleche
Vendôme
Chateau Renaud
Mont Doubleau
Chambord
Baugenci
Meun
Chateauneuf
Toises

ON a jugé à propos de prendre pour Echelle de la petite Carte ci-jointe, celle des Cartes de la Méridienne de Paris, qui sont insérées dans la suite des Mémoires de l'Academie Royale des Sciences de l'année 1718. Il convenoit pourtant d'ajoûter quelque chose à la mesure prise sur l'imprimé, pour suppléer au racourcissement qui se fait par le desseichement du papier après l'impression : ainsi dans le dessein original de la Carte, on a pris une étenduë complete de six pouces, pour l'étenduë d'un degré sur le Méridien.

La Parallele du quarente-huitiéme degré de Latitude, qui traverse cette Carte dans sa longueur, est une portion de cercle, ensorte que les Méridiens dans toute l'étenduë de la Carte, sont autant de perpendiculaires sur cette Parallele. Car, s'il eût été plus simple & plus facile de tracer cette Parallele en ligne droite, les Méridiens à l'exception d'un seul, l'auroient coupé obliquement, ce que j'éviterai toujours autant qu'il sera possible dans les projections. On a affecté de tracer les Méridiens, à l'exception de celui de l'Observatoire de Paris, par un simple fil de points, puisque le résultat de cet ouvrage est de les effacer pour ainsi dire, en apportant du changement dans leur distance. Cette distance, selon l'hypothese commune, doit être de 38180 toises sur le 48me Parallele. Entrons maintenant en matiére

La poſition d'Orleans, priſe à ſon Egliſe Cathédrale de Sainte-Croix, eſt éloignée de la Méridienne de l'Obſervatoire, ſuivant le réſultat des Triangles qui ont ſervi à établir cette Méridienne, de 16396 toiſes. La Latitude de ce lieu doit être 47 degrés 54 minutes 8 ſecondes, ſuivant la diſtance de l'Obſervatoire à la perpendiculaire tirée du lieu dont il s'agit ſur la Méridienne.

Ayant obtenu de Monſieur d'Argenſon, Chancelier de Monſeigneur le Duc d'Orleans, la communication d'une Carte de la Foreſt d'Orleans & des environs, levée ſur les lieux dans un très grand détail, j'ai trouvé que l'Echelle de cette Carte faiſoit l'intervale dont il s'agit, entre le paſſage de la Méridienne & la poſition de Sainte-Croix, un peu plus petit qu'il n'est marqué ci dessus. Car, suivant les Opérations qui ont servi à établir cette Méridienne, elle est plus orientale de 4530 toises que le clocher de Château-neuf sur Loire, & plus occidentale que le gros clocher de Notre-Dame de Boiscommun de 1820 toises. Or, en traçant une ligne sur la Carte de la Forest d'Orleans par ces deux distances, il m'a paru qu'elle n'étoit éloignée de l'Eglise de Sainte-Croix que de 16200 toises au plus, ce qui donne une différence de 200 toises au moins sur 16400 ou environ.

D'autres mesures ayant été comparées, elles ont aussi montré quelque différence. Suivant le IXme Triangle de la Méridienne, le côté marqué IL qui est la distance du clocher du Bois-commun à celui de Sainte-Croix, donne 19780 toiſes 5 pieds. Cependant je ne trouve dans cet intervale, que 19500 & peut-être quelques toiſes de plus, en meſurant par l'Echelle de la Carte en queſtion.

Le côté IK du même Triangle, diſtance du même clocher de Bois-commun à celui de Château-neuf, contient 11780 toiſes 4 pieds. Je n'en meſure pourtant que 11670 ou environ ſur ladite Carte.

On trouve une différence plus conſidérable entre le clocher de Château-neuf & Orleans. Car par le Xme Triangle de la Méridienne, dont le côté KL eſt la diſtance dont il s'agit, elle renferme 12070 toiſes 4 pieds, & on n'en peut toutefois compter que 11870 au plus en meſurant la

Carte, c'eſt-à-dire environ 200 toiſes de moins, ou la ſoixantiéme partie de l'étenduë complete.

La prémiere différence, qui réſulte poſitivement de la diſtance de la Méridienne à Orleans, n'eſt que d'une octantiéme partie ou environ. C'eſt à peu près la même proportion dans la diſtance d'Orleans à Bois-commun. La différence eſt un peu moins conſidérable dans la diſtance de Bois-commun à Château-neuf. Pour que les eſpaces meſurés ſur la Carte de la Foreſt d'Orleans euſſent plus de correſpondance avec les Opérations de la Méridienne, il faudroit que l'Echelle de cette Carte fût un peu plus courte. On ſuppoſera ſi l'on veut, que la verge de cette Echelle a été un peu trop prolongée, quoique je l'aye trouvé éxactement pareille ſur trois Cartes différentes, qui compo-ſent enſemble celle de la Foreſt d'Orleans en entier.

Quoiqu'il en ſoit, ce n'eſt aſſûrement point par aucun doute ou ſentiment d'incertitude ſur les diſtances qui réſultent des Opérations de la Méridienne, qu'on leur compare ici quelques meſures priſes ſur la Carte de la Foreſt d'Orleans. C'eſt au contraire, dans la vuë de vérifier cette Carte, pour l'emploi qu'on en peut faire, parce qu'elle doit ſervir à établir quelques poſitions au de-là du travail de la Méridienne. Cette Carte de la Foreſt d'Orleans & de ce qui l'environne, eſt un fort bel ouvrage de topographie, & Monſieur Caſſini m'a paru prévenu de la capacité de la perſonne par qui elle a été levée. Mais, puisque l'Echelle de cette Carte semble ôter quelque petite partie de la véritable étenduë des espaces, selon ce qui résulte de la mesure de l'espace intercepté entre la position d'Orleans & le passage de la Méridienne, il nous a paru convenable d'assujettir cette Echelle aux Opérations de la Méridienne, non seulement à l'égard de cet espace-là, mais encore dans la mesure de quelques autres parties de cette Carte, qui ne sont point enclavées dans les bornes du travail de la Méridienne, & qui nous conduisent plus loin. Avec cette précaution, il ne paroîtra peut être point de risque à se livrer à ces mesures, & à statuer sur ce qui en résultera.

Il s'agit d'établir la position de Meun, jusqu'où s'étend la Carte de la Forest d'Orleans. Après avoir mis l'Echelle de cette Carte sur le pied que la distance entre Orleans & la Méridienne le demande, je remarque que la distance d'Orleans à Bois-commun se trouve précisement égale à celle qui est indiquée par le côté I L du IXme Triangle de la Méridienne.

Je mesure ensuite l'intervale de l'Eglise de Notre-Dame de Bois-commun à l'Eglise de Neuville-au Bois, & j'y compte 12930 & quelques toises. Il ne s'y trouveroit que 12700 & environ 60 toises, sur l'Echelle particuliére de la Carte que nous mesurons. Pour fixer la position de Neuville-au Bois, prenons sa distance de l'Eglise de Sainte-Croix d'Orleans, & par notre Echelle elle sera de 11100 toises, plus que moins.

En se servant immediatement de

cette poſition de Neuville avec celle d'Orleans, pour placer Meun, l'angle ſeroit trop aigu. Ainſi je meſurerai une ligne tendante de Neuville à l'Egliſe de Saint-Siſmond ou Sigiſmond, lieu remarquable & qui conſerve la mémoire d'un événement tragique de notre ancienne hiſtoire. La diſtance dont il s'agit ſe trouve de 15000 toiſes moins environ 50. De l'Egliſe de Sainte-Croix d'Orleans à celle de Saint-Sigiſmond, je compte 9840 toiſes ou environ. La poſition de S. Sigiſmond & ſa diſtance d'Orleans nous conduiſent peut-être vers plu d'un objet.

Nous nous en ſervirons actuellement à établir la poſition de Meun s dont elle eſt diſtante ſuivant notre, meſure, de 9000 toiſes aſſez préciſement. Nous prenons la poſition de

Meun à l'endroit où les ruisseaux qui la traversent entrent dans la Loire. La distance de l'Eglise de Sainte-Croix à cet endroit-là, est de 200 & quelques toises plus considérable. Cette position de Meun est ainsi à l'égard d'Orleans, comme une suite des Opérations de la Méridienne.

Nous n'avons point encore fait usage de la mesure de la Levée, qui doit nous être si utile dans la suite. Elle commence à une extrémité du Faubourg d'Orleans nommé le Portereau, & elle suit d'abord le rivage gauche de la riviére. Comme le plan de cette mesure a été dressé sur un très grand pied, & uniquement par rapport à la Levée, on n'y a point compris la largeur entiére de la riviére, ni ses deux bords en même temps. On s'est contenté de figurer celui où se trouve la Levée, qui est assez généralement la droite en descendant. Mais, depuis Orleans jusqu'au dessous de Baugenci, c'est comme on vient de dire, le rivage de la gauche ou méridional qui tient la Levée, & par conséquent le plan qui en a été fait. Heureusement on a marqué sur ce plan un endroit qui se rencontre vis-à-vis du parc de Meun, qui est attaché à cette petite ville dans sa partie méridionale. Par ce moyen, on peut lier ou joindre le plan de la Levée, à la Carte de la Forest d'Orleans. Je n'employerai la mesure du plan de la Levée que depuis cet abord du parc de Meun, parce que je ne connois pas assez précisement ce qu'il y a de distance entre l'endroit où commence cette Levée & la position de l'Eglise de Sainte-Croix d'Orleans.

En quittant Meun pour aller plus loin, je prends la distance qui est entre ce lieu & le Pont de Baugenci sur la Carte du Diocèse de Blois, pour laquelle je me suis servi de la mesure de la Levée. Cet intervale en ligne directe se trouve de 3900 & quelques toises. Mais nous ne pouvons fixer la position de Baugenci, que par sa distance de quelque autre lieu, dont la position soit bién assûrée, ce qui me fait retourner aux Opérations de la Méridienne.

La position de Chaumont est éloignée de Sainte-Croix d'Orleans de 16628 toises 2 pieds, comme il résulte du XIme Triangle, dont le côté L N est la distance dont il s'agit. Entre Chaumont & la Méridienne, l'intervale doit être de 16731 toises. Sur cela on peut fixer la position de Chaumont.

De Sainte-Croix d'Orleans à Vouzon, distance qui est le côté L M du même Triangle, 15661 toises 3 pieds. Le côté M N, c'est-à-dire la distance de Vouzon à Chaumont, 6269 toises 5 pieds.

Monsieur Cassini conclut d'ailleurs, que d'Orleans à la Ferté-Saint-Aubin la distance est de 10976 toises, & de Vouzon à la Ferté-Saint-Aubin 5821. D'où je conclus, que de Chaumont à la Ferté-Saint-Aubin la distance doit être de 5930 & quelques toises, & que la Ferté-Saint-Aubin est plus orientale que Chaumont de 1480 toises ou environ.

La position de Chaumont, & celle de la Ferté-Saint-Aubin à l'égard de Chaumont, me sont essentielles, par rapport à une Carte particuliére de la Terre & ancien Duché de la Ferté Senneterre,

Senneterre, levée ſur les lieux, & communiquée à feu Monſieur l'Evêque de Blois par Madame de Bouteville, qui poſſede aujourd'hui cette Terre. On m'a mis entre les mains une réduction de cette Carte, & j'y ai trouvé les poſitions de Chaumont & de Saint-Aubin près de la Ferté, dans une diſtance correſpondante à celle qui vient d'être déduite. Car cette Carte porte une Echelle de perches à 20 pieds par perche ; & dont par conſéquent 300 font 1000 toiſes. Une partie de cette Carte a été répétée dans une autre Carte particuliére, & levée également ſur les lieux, dont on a pris copie dans des archives à Baugenci. Cette ſeconde Carte, empiétant ſur celle de la Ferté d'un côté, s'étend de l'autre juſqu'auprès de Baugenci, ayant de même une Echelle diviſée éxactement par meſure de perches. Parmi les lieux compris également dans les deux Cartes, je remarque une maiſon de fief nommée le Lude, dont la poſition peut être priſe ſur la Carte de la Ferté, relativement aux poſitions de Saint-Aubin & de Chaumont. Après cela, ce qu'il y a d'eſpace entre le Lude & Baugenci, m'eſt indiqué par la Carte de Baugenci, avec laquelle je confere encore un plan particulier de la Terre de Fonſpertuis & des environs. Par ce moyen, je ſuis aſſûré d'avoir une diſtance éxacte & préciſe, entre la Ferté-Saint-Aubin ou Chaumont, & Baugenci. Ainſi, la poſition de Baugenci ſe trouvera établie par la rencontre de cette diſtance avec celle qui a été priſe de Meun.

Je juge avec confiance, ſur la foi des Cartes dont je viens de parler, que l'intervale de la Ferté-Saint-Aubin à Baugenci doit être de 12700 toiſes ou environ, & plûtôt moins que d'avantage.

Nous ſuivons actuellement la riviére de Loire dans la plus oblique partie de ſon cours, qu'elle ne change que vers l'endroit où elle reçoit la petite riviére de Beuvron. Cela retarde notre progrès en Longitude, & en rendroit même la meſure plus équivoque, ſi nous n'avions pas pour ſoutenir & diriger les meſures priſes le long de la riviére, des diſtances particuliéres qui nous indiquent l'épaiſſeur du terrain, à proportion de ce que nous faiſons de chemin d'Orient en Occident. Je me ſuis abandonné au plan de la Levée, juſqu'à l'endroit où elle finit sur le rivage de la gauche, c'est-à-dire jusqu'au bord du bois de Briou, qui borde éxactement la riviére. La longueur de ce bois, & la suite du même rivage jusques vis-à-vis d'Avarei, où la Levée commence sur le côté droit, ont été ajoûtés au plan de cette Levée dans la réduction que je tiens de Monsieur de Regemorte. Nous sommes gouvernés ici, par le rapport de la position de Baugenci avec celle de Meun, de-sorte qu'on présume, que ce qui tient immédiatement à Baugenci sera établi en conséquence avec solidité. Mais, voici de quoi justifier ce gîsement de la riviére. La maison nommée le Terreau, qui est dans un enfoncement du bois de Briou, & dont la position sur la Carte dépend de celle de la riviére, cette maison dis-je, eſt auſſi compriſe dans la Carte arpentée de Baugenci dont il a été parlé ; & ayant meſuré ſa diſtance du Lude, elle s'eſt trouvée de 2600 & quelques 20 perches de 22 pieds, qui font 9600 & quelques toiſes. Or cette diſtance eſt préciſement telle qu'on l'auroit pû conclure de notre maniére de poſer la riviére. L'intervale en droite ligne du pont de Baugenci à la maiſon du Terreau, eſt ſuivant le plan du bord de Loire, de 3580 toiſes ou environ.

J'ai ſenti qu'on pouvoit conclure de ce qui précéde la poſition du clocher de Nouan, qui ſera à 6200 toiſes ou environ du pont de Baugenci. Il eſt vrai que ce clocher, qui eſt ſur le bord de la gauche en deſcendant, n'eſt pas compris dans le plan de la Levée qui est à la droite. Mais ce qu'il y a de distance Géométrique entre le clocher de Nouan & celui de Cour sur Loire, qui est bien marqué sur le plan que je possede, m'est connu. Car, je rencontre à Nouan une piéce dressée Géométriquement par une personne fort intelligente, qui est Monsieur l'Abbé Bellei. Cette piéce m'a donné la position certaine d'un bon nombre de clochers, dans l'intervale de Nouan & de l'Eglise Cathédrale de Blois, & j'en ai été d'autant plus sûr, que je l'ai verifiée par rapport à l'étenduë de plusieurs espaces, sur la mesure positive de la Levée. Je suis d'ailleurs informé, qu'on a eu soin d'orienter la piéce dont il s'agit, en observant 13 à 14 degrés de déclinaison occidentale dans le Nord de la Boussole.

La distance entre les clochers de Nouan & de Cour sur-Loire est de 5300 toises. De Cour au clocher de la Cathédrale de Blois, on en mesure 4600. La Parallele de cette Cathédrale est plus méridionale que la position de Nouan de 5375 toises ou environ. C'est ainsi que la position de Blois prend sa place. J'ai oüi dire à feu Monsieur de Caumartin, Evêque de Blois, que la Latitude de cette ville devoit être 35 minutes. Or, en poussant la précision jusqu'à la division des minutes, la détermination précise de Blois, prise au point de son Eglise Cathédrale, se rencontre ici de 12 ou 13 secondes, ou d'environ un cinquiéme de minute plus méridionale.

Cette position de Blois me paroît d'autant pl..s solidement établie, qu'il y a moyen de reconnoître ſon éloignement d'un point fixé par les Opérations de la Méridienne, & on en va juger.

La Maiſon Royale de Chambort eſt en poſition correſpondante avec la Cathédrale de Blois & divers lieux ſitués ſur la Loire, & cela par Opération Géométrique, dont il réſulte une diſtance de 6630 & quelques toiſes, entre les poſitions de Blois & de Chambort.

Je trouve à Chambort, non-ſeulement un Carton particulier fort bien fait, & fourni à feu Monſieur de Blois, mais encore des meſures priſes exactement ſur un plan original levé par Monſieur Mathis, & communiqué obligeamment par Monſieur de la Hite. La meſure priſe entre le Château de Chambort & la maiſon de

Montfraut, qui est un ancien château dans l'angle Sud-Est du Parc, fournit 3350 toises.

Une partie de l'enceinte du Parc de Chambort s'est retrouvée sur le bord d'une Carte arpentée de la Terre de la Ferté-Saint-Aignan, dont j'ai copie. J'en tire une distance de Montfraut au clocher de la Marolle, de 7450 toises. Ce clocher est placé à l'égard de Montfraut, tout comme il se rencontre sur la Carte de Monsieur le Duc de Saint-Aignan, laquelle a paru orientée conformement au Parc même de Chambort.

Sur ce qu'il paroît d'intervale entre la Marolle & Chaumont, la Carte de la Ferté-Senneterre me fournit la distance de la maison de Villebourgeon à l'égard de Chaumont, sur le pied de 2000 & près de 900 toises.

Reste donc uniquement la distance de la Marolle à Villebourgeon, laquelle ne m'est pas tout-à-fait inconnuë, puisque j'ai un Carton particulier pris à la Marolle, où la distance de ce clocher tient quatre espaces des cercles concentriques tracés sur tous les Cartons de cette espece, ou quatre quarts de lieue, & quelque chose par de-là. Or, cela est bien supposé dans l'espace qui se trouve restant entre la position de la Marolle & celle de Villebourgeon; car il est au moins de 2500 toises.

De ce détail ne peut-on pas conclure, que l'intervale entre Chaumont & Blois doit être juste, & correspondant à la mesure & position de la Loire?

Nous aurons bien-tôt achevé

d'établir ce cours oblique de la Loire, qui nous oblige à tâter pour ainſi dire d'autres meſures que les meſures particuliéres de la riviére, ce qui augmente le détail de la diſcution dont il s'agit. Dans la Carte du Diocèſe de Blois, l'intervale de la Cathédrale à la poſition de Chouzi eſt de 5180 toiſes ou environ. Cette diſtance réſulte, non-ſeulement du plan de la Levée, & de la meſure particuliére priſe également ſur le lieu, d'un eſpace qui eſt ſans Levée, mais encore de pluſieurs morceaux, dont un entr'autres eſt du R. P. Dom Maure Jourdain, Religieux Bénédictin de l'Abbaye de Saint Laumer de Blois, & que je citerai bien volontiers plus d'une fois.

Entre Chouzi & Candé, la riviére

fait un tour vers le Sud , avant que de prendre un cours moins oblique ou plus direct d'Orient en Occident. Candé ſuivant la Carte de Blois, eſt diſtant de la Cathédrale de 6 2 8 0 toiſes ou environ ; & je m'en rapporte aſſez à la maniére dont il ſe trouve placé à l'égard de cette Cathédrale, parce que ſa diſtance de Celletes me paroît bonne, & que ce lieu de Celletes eſt éxactement dans ſa poſition par rapport à Blois, & même en diſtance convenable à l'égard de Mons, laquelle poſition de Mons eſt auſſi fixée Géométriquement relativement au même point de Blois. La combinaiſon & le rapport de tous ces points concourent à établir ſolidement la poſition de Candé.

Je rencontre à Candé une Carte particuliére de la Terre de Chaumont ſur

ſur Loire & des environs, qu'on m'a dit avoir été levée par Monſieur Petit arpenteur très habile, demeurant à Blois. Cette Carte me guide juſqu'à l'endroit nommé le Haut-Chantier, & je m'oriente par elle ſans autre éxamen. Mais, il ſe rencontre une difficulté par rapport à l'Echelle de cette Carte. Car par la meſure de cette Echelle, l'intervale entre la ferme nommée la Carte, qui eſt également marquée ſur le plan de la Levée, & le Haut-Chantier, ne ſeroit que de 6860 & quelques toiſes, & cependant il y en a 7000 & environ 50, ſuivant la meſure de ce plan. Ce qui m'empêche de douter de l'Echelle du plan de la Levée, c'eſt qu'outre que je ſuis bien aſſûré, qu'on s'eſt propoſé d'en faire la réduction ſur e pied d'une ligne pour cent toises, comme il a été dit, j'ai reconnu en plusieurs endroits des vestiges de carreaux tracés au crayon; dont les côtés ont deux lignes de mesure très éxacte, ce qui m'a paru une indication positive du point effectif & réel qui a été pris pour la réduction dont il s'agit. Il pourroit être que l'Echelle, portée sur la copie qui m'a été envoyée de la Carte de Monsieur Petit, ne fût pas aussi éxactement relative au fond du plan; au moins m'est-il permis de dire, que je n'ai pas sur cela d'indication précise, comme à l'égard du plan de la Levée. On peut être assûré d'ailleurs, que ce qui est exposé dans le plan de la Levée, se trouve également développé dans la Carte de Chaumont : ainsi le terrain doit être le même de part & d'autre. Mais, quand l'incertitude ſeroit plus grande, comme il convient d'apporter une attention toute ſinguliére à éviter ce qui pourroit être trop favorable à l'hypotheſe en queſtion, nous adopterons la meſure qui fait l'eſpace plus long, préférablement à celle qui le fait plus court; & cela revient à ce qui a déja été pratiqué plus haut, à l'égard de l'Echelle de la Foreſt d'Orleans. En conſéquence, ce qu'il y a d'intervale entre la poſition de Candé & le Haut-Chantier, embraſſe dans la Carte de Blois 8100 toiſes plus que moins.

Je meſure ſur le plan de la Levée, du point pris dans le Haut-Chantier, juſqu'à l'entrée du pont d'Amboiſe du côté du faubourg, 3170 toiſes. Cette partie a été orientée ſur une Carte particuliére & manuſcrite des environs d'Amboiſe, faite il y a plus de cent ans par quelqu'un qui faiſoit profeſſion de ce genre de travail, & ſur une autre Carte plus étenduë & dreſſée reçemment par le P. Dom Maur Jourdain. D'ailleurs, l'angle qui ſe fait à Onzain par le rayon du Château d'Amboiſe comparé au rayon du Château de Chaumont, m'a été indiqué; & ayant éxactement la poſition d'Onzain à l'égard de celle de Chaumont, par la Carte de Chaumont & autres indices, il s'enſuit que je puis au moyen de cette Carte m'orienter juſqu'à Amboiſe.

Du pont d'Amboiſe au Bec de Ciſſe, la meſure priſe en droite ligne ſur le plan de la Levée, eſt de 7000 toiſes aſſez juſte. La Levée ceſſe au Bec de Ciſſe. Mais notre réduction du plan de la Levée n'a point d'interruption comme nous l'avons dit, & on n'y connoît point de vuide entre la Ciſſe & la partie de Levée qui couvre Mair-moûtier. Ainſi la diſtance depuis la Ciſſe en s'arrêtant à Mair-moûtier même, nous eſt donnée de 3000 & environ 40 toiſes. La diſtance de Mair-moûtier à l'Egliſe Métropolitaine de Tours, & leur poſition reſpective, ſont tirées d'un plan manuſcrit des environs de Tours, deſſiné fort proprement dans un goût de relief, par R. Siette en l'année 1619. Je connois pluſieurs bons morceaux d'arpentage du même auteur, dont un entr'autres eſt gravé. Celui-ci a ſon Echelle diviſée préciſement en toiſes. Je conclus en droiture du pont d'Amboiſe à l'Egliſe Métropolitaine de Tours, 10770 toiſes ou environ.

Je n'ai point cherché d'autre moyen de me gouverner depuis Amboise, que la Hauteur de Tours, marquée à 23 minutes entre 47 & 48 degrés. Avec cette détermination, on trouve encore celle de Longitude dans la Connoissance des Temps. Monsieur Desplaces, dans une addition Géographique à ses Ephémerides publiées cette année-ci, nomme l'Auteur de la détermination de Tours, * Monsieur Nonnet; & il a bien voulu m'aprendre qu'il avoit tiré cette détermination d'une Mappe-monde dressée en Allemagne par Jean-Gabriel Doppelmajer, & qui porte avec elle une indication des Longitudes & Latitudes de plusieurs lieux de la Terre, sous le titre de *Basis Geographiæ re-*

* Monsieur Nonnet étoit beau frere de Monsieur de la Hire.

centioris Aſtronomica. La Longitude de Tours réſulte d'une différence en temps par rapport à l'Obſervatoire de Paris, de 6 minutes 40 ſecondes, qui vallent un degré 40 minutes. Or, en conférant cette détermination de Longitude avec la poſition de Tours, ſelon qu'elle réſulte de ſa diſtance vraye & Géométrique de la Méridienne de Paris, on s'apperçoit qu'il s'en faut ſur la graduation ordinaire, deux minutes & environ quatre cinquiémes de minute, que la poſition de Tours n'atteigne le point de la détermination; ce qui fait aſſez préciſement une trente-ſixiéme partie à diminuer ſur l'étenduë de cette graduation, ſi l'on veut que la détermination Aſtronomique ſe concilie avec la diſtance Géométrique, & ſoit juſtifiée par elle.

La Carte du Diocèse de Blois nous abandonne à Tours. Mais nous continuons d'avoir le plan éxact & précis du bord de la Loire, & on juge ce plan d'autant plus capable de se bien soûtenir, que la Levée est presque tout d'une piéce dans la partie qui nous reste à suivre. Le bord de Loire décrit une espece d'arc, dont la corde paroît contenir 44500 toises ou environ, à prendre de l'entrée du pont de Tours, du côté du faubourg de Saint-Syphorien, jusqu'à Sorges sur le bord de l'Authion, où la Levée va finir. De la corde au sommet de l'arc, c'est-à-dire à l'endroit du bord septentrional de Loire, qui dans l'intervale de Tours à Angers s'écarte le plus vers le Midi, on compte 11600 & environ 50 toises.

Cet endroit eſt diſtant en droite ligne du pont de Tours, de 25500 & quelques toiſes, & de la poſition de Sorges 24700 ou à peu près. Ce ſont là des dimenſions priſes en général ſur le plan qui eſt entre mes mains, & tel préciſement qu'il ſe trouve.

Pour mettre en place le point qui termine l'eſpace dont il eſt queſtion, il ſemble qu'on ne puiſſe mieux faire que d'y employer la détermination en Latitude d'Angers, marquée dans la Connoiſſance des Temps, 47 degrés 29 minutes. Car l'intervale entre Sorges & Angers n'eſt pas aſſez conſidérable, pour donner lieu à quelque erreur de conſéquence. Nous avons une Carte particuliére du Diocèſe d'Angers, faite dans le pays même, & qui eſt réputée paſſablement bonne. Dans cette Carte, la poſition de Sorges est plus méridionale que le centre de la position d'Angers, de la valeur d'une demi lieue & quatre cinquiémes d'un quart, selon l'Echelle de ladite Carte, où les lieues sont définies sur le pied de 3 0 0 0 pas Géométriques, ce qui signifie la même chose que 2 5 0 0 toises. Ainsi il s'agiroit actuellement d'environ 1 7 5 0 toises, qui font en Latitude une minute & 5 0 secondes. D'où il s'ensuivroit que la Latitude de Sorges, par comparaison avec celle qu'on attribuë à Angers, devroit être 27 minutes 1 0 secondes ou à peu près.

Ce point étant ainsi déterminé, je remarque que le bord de Loire dans l'endroit le plus Sud, se rencontrera par 1 3 minutes ou environ de Latitude, à compter du même degré, & ce qui me feroit juger que cela pourroit être juste ou à peu prés, c'est qu'il me paroît de la convenance par rapport à la distance de la Ville de Loudun, qui doit être au Méridien ou peut s'en faut de l'endroit en question, & dont la Latitude est bien établie par Observation de Monsieur Picard, à 47 degrés 45 secondes.

Mais il y a un point de Brion près Beaufort, déterminé par le même Monsieur Picard, dont je croi que ce lieu étoit la patrie; & ce point-là tient d'assez près à notre bord de Loire. Dans la Carte du Diocèse d'Angers, Brion se montre à une distance égale des positions de Saint-Mathurin & des Rosiers, & cette distance sur la mesure de l'Echelle de cette Carte, vaut deux lieues & deux cinquiémes de lieue, c'est-à-dire suivant l'évaluation de cette Echelle environ 6000 toises. Il est vrai qu'il y a plus de distance dans le plan de la Levée, entre les Rosiers & Saint-Mathurin, qu'il ne s'en trouve par la même mesure de la Carte du Diocèse d'Angers. Mais sans avoir égard à cela, en établissant simplement la position de Brion par la distance de 6000 toises des positions de Saint-Mathurin & des Rosiers, il m'a paru que la position de Brion devenoit plus septentrionale de 50 & quelques secondes, que la détermination de Latitude de Monsieur Picard, qui est 26 minutes 25 secondes. Ce sera même encore pis, si on éloigne la position de Brion, à raison d'une plus grande distance indiquée par le plan de la Levée, dans l'intervale des Rosiers à Saint-Mathurin. Néanmoins, c'est une suite du moyen d'établir d'établir la poſition de Sorges en conſéquence de la détermination d'Angers. Mais, je ne ſçai ſi la détermination de la Latitude de Brion n'eſt pas plus conſtante que celle d'Angers même, dont l'Obſervation paroît moins connue. En aſſujétiſſant la poſition de Sorges à la Latitude de Brion, celle de Sorges devient plus méridionale d'une minute & quelques ſecondes, ce qui peut influer ſur la poſition même d'Angers.

Pour reconnoître d'avantage la Latitude d'Angers, j'ai cherché quelque moyen de la conférer avec celle de la Fleche, qu'on eſt bien aſſûré d'avoir été obſervée avec préciſion par Monſieur Picard, qui nous l'indique à 41 minutes 45 ou 50 ſecondes, toujours dans le même eſpace de degré. En conſultant la Carte du

Diocèse d'Angers, on trouve entre la hauteur d'Angers & celle de la Fleche, un intervale qui par l'évaluation de l'Echelle de cette Carte, revient à 13500 toises, qui vallent bien 14 minutes & près de 12 secondes. Il s'ensuivroit de-là, que la Latitude d'Angers seroit 27 minutes & plus de 36 secondes, ce qui approche d'avantage de ce que nous avons conclu par rapport à la Latitude de Brion, que de la détermination indiquée d'Angers. **

** La petite Carte de ci-dessus étoit dressée, elle étoit même gravée, lorsque j'ai trouvé une Observation de Monsieur Cassini le pere, comprise dans le recueil des Voyages de l'Academie, de laquelle ce grand Astronome conclut l'élévation du Pole à Brion, de 28 minutes 37 secondes, c'est-à-dire de 2 minutes 12 secondes plus septentrionale que la détermination

Il est à remarquer, que ce que nous apportons de changement dans la Latitude d'Angers, bien-loin de mettre du racourcissement dans l'espace qu'il est question de mesurer, le fait plus long qu'il ne seroit par la détermination donnée. Car je ne croi

donnée par Monsieur Picard. Mais il y a des circonstances dans la position de la Loire, selon lesquelles on ne pourroit que favoriser notre hypothese, supposé qu'on voulût assujettir le point d'Angers à une plus grande Latitude de Brion que celle de Monsieur Picard. Car, sans racourcir l'espace mesuré sur la Loire, il occupera moins de Longitude, s'il prend d'avantage sur la Latitude, & ce seroit une ressource pour ajoûter quelque chose à notre mesure, s'il étoit nécessaire, sans prendre une plus grande quantité de Longitude. Pour que cela soit parfaitement sensible, il suffit de faire attention à ce qui suit.

pas qu'il ſoit permis, de répandre la différence dont il s'agit, dans tout l'eſpace à commencer depuis Tours; parce que le ſommet de l'arc, comme on s'eſt expliqué ci-deſſus, deviendroit peut-être trop méridional, & preſſeroit en quelque ſorte la poſition de Loudun, que nous avons allégüée pour cette cauſe. Ainſi, on n'a point fait difficulté de redreſſer un peu ou de détendre l'arc dont il s'agit, en choiſiſſant pour le faire les deux endroits qui ſont ſans Levée, dont l'un eſt entre Planchouri & Langets, l'autre un peu au deſſus de Cinq-marcs. Par ce moÿen, on n'a altéré aucun des angles formés dans la continuité de la Levée. Il eſt même bon qu'on ſçache, que je n'ai rien fait en cela, que Monſieur de Regemorte lui-même n'ait bien voulu me permettre, puiſqu'il eſt vrai qu'il m'a en général laiſſé toute liberté ſur la maniére de m'orienter en différents endroits, d'autant que cette circonſtance n'importoit en rien, & pouvoit être négligée, par rapport à l'objet pour lequel le plan de la Levée a été dreſſé.

Par le changement fait dans la poſition d'Angers, & le redreſſement de l'arc auquel on compare le cours de la Loire, la corde de cet arc étant plus longue que celle de la prémiére dimenſion, elle contiendra 45000 & à peu près 150 toiſes. De Sorges au centre de la poſition d'Angers, on meſure ſur la Carte du Diocèſe d'Angers, cinq quarts de lieue de diſtance, qui vallent environ 3125 toiſes, & du Méridien d'Angers à la poſition de Sorges, une lieue & environ la quatriéme partie d'un quart, c'est-à-dire 2650 & quel ques toises

Si l'on éxamine après cela, comment se trouve la Longitude d'Angers, selon la mesure ordinaire des degrés, on ne comptera pas parfaitement 51 minutes au de-là de deux degrés depuis notre Méridien de Paris. On a admis dans la Connoissance des Temps, une détermination de Longitude à 54 minutes, laquelle montre encore sa différence dans le sens qui convient à notre hypothese, quoique la différence ne paroisse ici que d'une cinquante-six à cinquante-septiéme partie.

Mais il y a moyen de conclure une différence tout autrement considérable, sur la détermination de Longitude de la Fleche, qu'il conste d'avoir été obſervée par Monſieur Picard, comme on le voit au recueil des Obſervations faites en pluſieurs voyages par d'habiles Académiciens. En prenant la diſtance d'Angers à la Fleche ſur la Carte du Diocèſe d'Angers on juge qu'elle peut valoir 22000 toiſes. Cette diſtance étant portée ſur la Latitude de la Fleche, ſelon la détermination de Monſieur Picard, on aura la poſition de la Fleche à 23 minutes & une demie au plus, par de-là deux degrés de différence à l'égard du Méridien dont nous comptons, quoique par Obſervation poſitive, cette différence ſoit de 9 minutes 52 ſecondes de temps, qui vallent 2 degrés 28 minutes. Il y auroit donc un excès de quatre minutes & demie pour le moins, ſur la meſure qu'on attribuë à la portion de

Longitude dont il eſt queſtion. Ainſi par la détermination de la Fleche, il paroîtroit une trente-troiſiéme partie à diminuer ſur l'étendue ordinaire de la graduation.

Monſieur Picard a ſuppoſé la Longitude de Brion d'environ 11 minutes de temps différente de celle de l'Obſervatoire. Mais, ce terme d'*environ*, dont Monſieur Picard s'eſt ſervi, & qui ſemble ôter une certaine préciſion à cette détermination, nous empêche d'en tirer avantage pour notre hypotheſe, à laquelle elle pourroit convenir ſur le même pied que la détermination de la Fleche, à 10 minutes & environ 12 ſecondes, ce qui eſt en déduction conſidérable, puiſque la ſuppoſition de Monſieur Picard auroit plus approché du vrai à 10 minutes qu'à 11.

Quoique la poſition de la Fleche ne ſoit point équivoque, ſelon qu'elle réſulte de la meſure conſtante de la Loire, toutefois il eſt encore à propos de voir, ſi cela ſe trouvera d'accord avec d'autres meſures, au moyen deſquelles nous pouvons retourner juſques vers le haut de la Loire. Dans le petit nombre de bonnes Cartes particuliéres qu'on a ſur le détail de la France, on diſtingue la Carte du Diocèſe du Mans, dreſſée auſſi-bien que celle de Coutances, par Monſieur Mariette de la Pagerie, quoiqu'il ne ſoit point nommé ſur l'une de ces Cartes comme ſur l'autre. La diſtance de la Fleche au Château-du-Loir, meſurée ſur la Carte du Mans, vaut 19000 & environ 100 toiſes. On en compte 19000 & 8 à 900 ſur la

Carte du Diocèse d'Angers, suivant l'évaluation de son Echelle, ce qui n'est pas une grande disconvenance, eu égard à l'infériorité de cette Carte par comparaison avec l'autre. Cependant, il y a une circonstance à l'égard de la position du Château-du-Loir, sur laquelle la Carte d'Angers paroît préférable à celle du Mans, qui est que cette position s'y montre plus septentrionale que celle de la Fleche. Car dans la composition de la Carte du Diocèse de Blois, j'ai eu tout lieu de reconnoître, que la position de la Chartre devoit être environ deux minutes plus au Nord qu'elle ne paroît dans la Carte du Diocèse du Mans, & il n'y a pas assez de distance entre la Chartre & le Château-du-Loir, pour que cela ne doive pas influer considérablement sur sa position. En conséquence du même travail, j'ai été convaincu qu'il y avoit du trop dans ce que la même Carte met de distance entre le Château-du-Loir & Vendôme. Car cette distance ne doit gueres passer 26000 toises, quoiqu'on l'ait fait de 27000 plus que moins dans la Carte en question.

Pour sçavoir ce qu'il y a d'intéressant de ce côté-là par rapport au Diocèse de Blois, il faut être informé que ce Diocèse a une extention en forme de langue, qui depuis la paroisse de Saint-Amand s'avance entre les Diocèses de Tours & du Mans, jusqu'à une derniere paroisse nommée la Ferriere. Or, on peut être assûré, que sur la Carte de Blois, le clocher de Saint-Amand est en position fort éxacte par rapport à Vendôme d'un côté & à Auton de l'autre. Pour Auton

& quelques autres paroiſſes des environs, j'ai eu des Cartons particuliers dreſſés Géométriquement, & qui ont préciſement leur Echelle par toiſes. De-là il réſulte, que la poſition de la Ferriere a pû être établie avec ſolidité. Une circonſtance qui a ſervi de confirmation dans ce qui a été fait de ce côté-là, c'eſt l'ouverture de l'angle formé à Herbaut par les rayons de Vendôme & de Château-Renaud. Je puis alleguer encore, que ce qu'il y a de diſtance de la Ferriere juſqu'à Tours, eſt eſtimé ſix lieues, qui ont été évaluées ſur le pied d'environ 2400 toiſes, ce qui fera un total de 14400; & toutefois on verra bien, qu'il ne nous faut gueres que 13800 toiſes pour remplir cet eſpace.

Cependant, la Latitude que la poſition

poſition de la Ferriére a pris ſur la Carte de Blois, eſt plus ſeptentrionale que la paroiſſe des Ermites dans la Carte du Mans, quoique dans la réalité le clocher de cette paroiſſe ſoit au Nord de la Ferriére, diſtant d'une lieue médiocre. D'ailleurs, pour que l'eſpace ne parût pas trop étendu dans la Carte du Diocèſe du Mans, il auroit fallu que la paroiſſe de la Ferriére s'éloignât d'avantage de Vendôme dans la Carte du Diocèſe de Blois. Car, ſuivant cette derniére Carte, il n'entre que 14500 toiſes au plus dans l'intervale de Vendôme aux Ermites, & on n'en compte pas moins de 15900 dans la Carte du Mans; en ſorte que quand la poſition des Ermites ne différeroit en Latitude à l'égard de Vendôme dans la Carte du Mans, qu'autant que dans celle de

Blois, il reſteroit encore plus de diſtance entre ces lieux que la Carte de Blois n'en admet.

Cette Carte n'a preſque point mis de différence dans la diſtance de Vendôme à Montoire, quoiqu'il y ait un aſſez grand changement dans cette partie-là par rapport au cours du Loir, changement qui influe beaucoup ſur la poſition des lieux d'alentour. De cette maniére, ce qu'il y a de trop dans l'eſpace dont il s'agit, ſera plûtôt dans l'intervale de Montoire au Château-du-Loir. Pour être aſſûré qu'il y en a, il ſuffit de faire attention au vice qui a paru dans la Latitude. Car, ſi les lieux ont été placés en proportion les uns à l'égard des autres, on ne peut pas ſuppoſer qu'il y ait trop d'extention dans le ſens de la Latitude, ſans la croire égale dans la Longitude ; & s'il paroît indiſpenſable de faire quelque réduction ſur la Latitude, elle agira par correſpondance ſur l'étenduë en Longitude. Mais j'ai d'autant moins de ſcrupule à conclure ainſi, que je ſuis aſſûré que cette partie-là n'a pas été levée tout-à-fait Géométriquement : car j'ai entre les mains un deſſein manuſcrit de l'auteur même de la Carte du Mans, contenant le Doyenné entier de Troo, qui s'étend juſqu'à la Chartre, & ce que j'avance eſt manifeſte par un écrit ajoûté à ce deſſein.

Comme ce que nous venons de diſcuter paroît rouler ſur la poſition de Vendôme, il eſt queſtion à préſent de faire voir, que cette poſition tient à des fondemens ſuffiſament ſolides, & afin d'achever la meſure que nous avons entrepriſe, & qui doit nous reporter ſur la Loire, nous éxaminerons d'abord la diſtance de Vendôme par rapport à quelque point mis en place aux environs de cette riviére, en partant de ce point-là plûtôt que de Vendôme.

Les poſitions de Mer ou Menars-la Ville, & de Saint-Chriſtophe de Suêvre ont été placées Géométriquement entre pluſieurs autres dont il a été parlé ci-deſſus. On a eu même plus d'un moyen à combiner pour trouver leur place. La Chapelle-Saint-Martin eſt en poſition également Géométrique à l'égard de ces poſitions. La diſtance de Mer doit être de 3500 toiſes ou environ, celle de Suêvre de 3300 & quelque choſe de plus. Il peut y avoir quelque choſe de moins que 8000 toiſes entre la

Chapelle-Saint-Martin & le clocher de la Cathédrale de Blois.

La poſition de Conan à l'égard de la Chapelle-Saint-Martin, & la diſtance qui doit être d'environ 5000 toiſes, me ſont données avec préciſion par deux excellents Cartons de ces paroiſſes & leurs voiſines. Je ſuis informé qu'on s'eſt orienté par des moyens Aſtronomiques, & qu'on a employé la meſure actuelle d'un grand nombre de diſtances dans la compoſition de ces Cartons, principalement dans celui de Conan, qui eſt fort étendu. J'ai appris qu'ils ſont l'un & l'autre de Monſieur le Prieur de Villebelfol.

Je puis avancer avec quelque confiance, que l'intervale de Conan à Vendôme doit être de 8100 toiſes ou environ. Car je combine avec le

Carton de Conan un excellent Carton de Vendôme, qui a été composé avec grand soin & détail par Monsieur Jabre, Avocat du Roi dans la jurisdiction de Vendôme, lequel est entré en société pour cet ouvrage avec le P. Desormes, de l'Oratoire. Ce Carton a été poussé jusqu'à la métairie du Châtelet, & dans celui de Conan on a pris soin fort à propos de marquer le rayon de l'Abbaye de la Trinité, qui est dans l'enceinte de la Ville de Vendôme. On en a même accusé la distance, qui s'est trouvé concordante avec celle qui résulte du Carton de Vendôme. Le clocher des Bénédictins de Vendôme se voit de celui de Conan par dessus ladite métairie du Châtelet, le Château de Vendôme, qui est séparé de la Ville par le cours du Loir, paroissant sur la gauche.

Mais, ce n'eſt pas de cela ſeulement que dépend la poſition de Vendôme. Il falloit encore ſe trouver d'accord avec des allignemens pris à Herbaut, chez Monſieur Dodun, feu Monſieur de Blois aſſiſtant. On y a obſervé éxactement & à pluſieurs repriſes, les angles formés par les rayons de Blois, Vendôme, Chaumont-ſur Loire, & autres lieux. La diſtance d'Herbaut à l'égard de Blois & de Vendôme, a été extremement étudiée. Il en réſulte une meſure de 7300 toiſes ou environ, pour l'intervale en droiture de Blois à Herbaut. Il y a un autre intervale, qui m'eſt connu avec beaucoup de préciſion, au moyen d'un morceau levé par le P. Dom Jourdain, en conſéquence du quel la diſtance de Chouzi à Herbaut doit ſe trouver d'environ

1000 toises plus courte que la précédente. On peut ajoûter à tout cela, une combinaison scrupuleuse de plusieurs Cartons particuliers fort bien faits, dans les paroisses de Landes, Saint-Bohaire, Ville-francœur, & autres, dont on a pû inférer à peu près la distance & la position même de Vendôme à l'égard de Blois.

Après être revenus vers le haut de la Loire, il semble que pour retourner où nous en étions, il seroit à propos d'entreprendre de le faire par quelque nouvelle route, qui produise sa mesure particuliére. Il est éxactement vrai, que je n'en ai point encore fait l'épreuve, & que j'en cours par conséquent tout le risque.

On a vû entre les premiéres circonstances de cette discution, comment la distance de l'Eglise de Sainte-

Croix d'Orleans à l'Eglise de Saint-Sigismond doit être de 9840 toises. J'ai entre les mains un Carton particulier fait à Saint-Sigismond même, où parmi les distances des lieux circonvoisins, qui ont été mesurées & cottées toutes, celle de Tournoisi se trouve de 2108 toises. Cela paroît d'accord avec un autre Carton fait à Tournoisi, sur lequel on a pris l'espace de quatre cercles concentriques, & le commencement d'un cinquiéme pour remplir la distance dont il s'agit, & on est averti par des Echelles, que dans ce Carton & plusieurs autres dont il va être question, & qui sortent d'une même main, chaque espace entre les cercles a servi de mesure pour une étenduë positive de 500 toises.

De Tournoisi à Pré-Nouvelon,

distance mesurée & par écrit sur le Carton, 2900 toises. De Pré-Nouvelon à Villamblain 2340 toises par écrit. Le clocher de Villamblain est marqué déclinant un peu vers Ouest du Nord de Pré-Nouvelon. La distance de Tournoisi à Villamblain, tant par l'ouverture de l'angle entre ces deux clochers à l'égard de Pré-Nouvelon, que par les espaces des Cartons particuliers de Tournoisi & de Villamblain, doit être de 2500 & environ 80 toises.

Distance de Villamblain à Ozoir-le-Breüil, par la combinaison des Cartons de Pré-Nouvelon, Villamblain, & Ozoir même, 2430 & quelques toises. La distance de Pré-Nouvelon à Ozoir, par la rencontre des allignemens pris à Pré-Nouvelon

& à Villamblain, se conclut de 3200 & quelques toises.

Entre Ozoir-le-Breüil & Thiville, distance indiquée par le Carton dudit Ozoir, 4100 toises ou environ. Thiville est un peu plus Nord qu'Ozoir. Sa distance de Château-Dun doit être suivant le Carton de Château-Dun, d'environ 3000 toises, & on nous a fait ce lieu plus oriental que le Méridien de Château-Dun, de 1250 ou 1300 toises.

Il s'ensuit de ces distances & positions de lieux, que le point de Château-Dun est éloigné de Sainte-Croix d'Orleans en ligne directe, de 22000 & 8 à 900 toises, & du passage de la Méridienne de l'Observatoire, de 37200 toises à peu près, Au-reste, il est à propos d'avertir, que le même soin qu'on vient de montrer pour établir la distance de Château-Dun à l'égard d'Orleans, a été employé dans l'intervale de Vendôme à Château-Dun, ce qui contribuë beaucoup à fixer ce point de Château-Dun dans une Latitude dont on n'a aucun lieu de douter.

Il y a dans la Carte de Blois, entre Château-Dun & Mont-miral, un intervale de 20000 & environ 300 toises. Ce n'est pas qu'on ait combiné une mesure particuliére de cet espace. Mais, elle est devenuë une conséquence de la position de Mont-Doubleau à l'égard de Vendôme, & de celle de Mont-miral & de Vi-Braye à l'égard de Mont-Doubleau. La distance en droiture de Vendôme à Mont-Doubleau paroît de 10900 ou près de 11000 toises. La différence entre Mont-Doubleau & le Méridien de de Vendôme, prend au plus 5000 & environ 700 toiſes. On ne s'eſt pas contenté de la poſition des lieux les uns à l'égard des autres, quoiqu'on l'ait fort étudiée dans cet intervale de Vendôme à Mont-Doubleau, pour connoître la différence dont il s'agit. Il eſt bien clair, qu'elle dépendoit en même temps de la diſtance des lieux dans le ſens qui a du rapport à la Longitude. Ainſi, on peut être ſûr, ſans qu'il ſoit beſoin d'entrer d'avantage dans le détail, que la combinaiſon de diverſes diſtances a concouru à régler l'intervale compris entre Mont-Doubleau & Cloye, & c'eſt par une conſéquence de cela que cet intervale peut paroître de 12300 toiſes ou environ. La poſition de Cloye eſt intimement attachée à celle de Château-Dun, & on l'a même senti convenable à d'autres égards. Car, si il en étoit besoin, nous reviendrions bien sur des mesures positives, en prenant par Bouche d'Aigre, jusqu'à Tripleville & Pré-Nouvelon.

De Mont-Doubleau à Vi-Braye, la distance paroît de 7000 & près de 600 toises. Elle ne va guéres qu'à 3000 entre Vi-Braye & Mont-Doubleau. Il est vrai que la Carte du Mans fait cette distance un peu plus forte, ce qui procéde vrai-semblablement de ce que ces lieux y sont posés plus obliquement l'un à l'égard de l'autre.

Une circonstance à remarquer, c'est que sans l'avoir cherché en aucune maniére, nous rentrons éxactement à Vi-Braye dans la Latitude de la Carte du Mans, dont on a vû que nous différions assez considérablement dans les environs du Loir, & si l'on y prend garde, cela sert de confirmation à ce qui a été opéré de ce côté-là.

On joüit au de là de Vi-Braye de la Carte du Diocèse du Mans. Ainsi, l'intervale de Vi-Braye au centre de la position du Mans, étant mesuré sur cette Carte & porté sur la graduation de Latitude, comprend 20 minutes & une partie de minute qui vaut un peu plus de trois quarts. La valleur de cet espace réduite en toises fournit 19700 & environ 60. Il semble qu'on ne peut mieux faire, que d'adopter en même tems la position en Latitude du même point de la Ville du Mans, selon que ladite Carte le donne, sçavoir 48 degrés moins un grand tiers de minute.

Entre le Mans & le centre de la position de la Fleche, on mesure une étenduë de 22 minutes à peu près, ou 20900 toises. Or, il s'agit avec cette derniére distance, de retomber justement dans notre position de la Fleche, & cela arrive effectivement très à point. On trouvera la même chose en mesurant de Vi-Braye à la Fleche en droiture, c'est-à-dire en prenant une étenduë de 38 minutes & plus d'une demie, ou environ 36700 toises. Ce qu'il y a d'avantageux dans cette rencontre & concordance, fait peut-être autant d'honneur à la Carte du Mans, qu'à ce qui nous regarde en particulier, & prouve aussi bien la précision de cette Carte dans la partie qui contribuë à ce dont il est question, que celle de nos mesures ou distances particuliéres. Mais, cela ne me ſurprend point, étant bien informé qu'une grande étenduë de cette Carte a été dreſſée ſur des morceaux levés Géométriquement. Il eſt vrai que nous avons plus haut apporté quelque réforme dans un endroit de cette Carte : mais il eſt à remarquer, que c'eſt vers une extrémité de l'ouvrage; & en tout cas, on y a plûtôt rencontré trop d'extention que de reſſerrement, ſuivant le vice plus général des Cartes.

Il y a une détermination de Longitude du Mans dans la Connoiſſance des Temps, à 2 degrés 15 minutes du Méridien de Paris. Mais nous en tirerions trop d'avantage, puiſque la poſition du Mans ne tombe ici qu'à 2 degrés 4 minutes & environ un tiers de minute de la graduation ordinaire. Mais, ſi la différence ſemble excessive, on y supplée en quelque façon par la Carte du Mans, qui paroît avoir été assujettie à la détermination de Longitude observée bien sûrement à la Fleche. Car, en supposant Paris au 20me degré du prémier Méridien, suivant l'estime la plus approchante de ce qui a été observé depuis quelque tems, la Fleche se trouvera par 17 degrés 32 minutes, comme on le voit effectivement dans la Carte du Mans. Or il sera aisé de remarquer, que le centre de la Ville du Mans est écarté d'environ 4 minutes sur cette Carte, de la Longitude que nous avons mesurée ici en partant du Méridien même de Paris.

Il est tems de reprendre où nous en étions, & de faire de notre mieux pour joindre Nantes à Angers. La

Carte du Diocèse d'Angers nous porte jusqu'à Chantoceaux & Oudon. Elle rencontre même dès Ingrande une Carte particuliére du Diocèse de Nantes, que l'auteur, qui est le P. de Lambilli, Jésuite & Professeur d'Hydrographie, nous assûre dans un avertissement joint à la Carte, avoir été levée très éxactement & avec les instrumens propres.

Nous ne pouvons faire aucun usage de cette Carte, que préallablement son Echelle n'ait été reconnue. Les lieues de celle qu'elle porte, sont définies précisement comme dans la Carte du Diocèse d'Angers, c'est-à-dire sur le pied de 3000 pas Géométriques, qui reviennent à 2500 toises. Mais, on ne peut se dispenser de remarquer, qu'il n'y a aucun rapport entre cette Echelle & la graduation marquée sur la Carte, & nous aurions déja eu lieu d'observer quelque chose de semblable dans la Carte d'Angers. Il ne faut que 20 lieues tout juste, selon l'Echelle de la Carte de Nantes, pour remplir l'étenduë d'un degré. Mais, cela ne doit être suffisant, qu'en supposant ces lieues de 2850 & quelques toises. Il est à propos d'entrer en discussion sur ce sujet, parce qu'on s'imagineroit peut être qu'il y auroit à ballancer entre la graduation & la mesure de l'Echelle, qui est pourtant à réputer plus positive. Mais ce qui nuit à cette graduation, & la détruit même totalement, c'est qu'elle fait a différence de Latitude entre Nantes & Angers, de 19 minutes, ce qu'on ne soubçonne point de procéder de quelque grand deffaut dans la maniére dont le pays est posé dans cette

Carte, puiſque le public y eſt averti qu'elle a été orientée éxactement ſur une ligne Méridienne, à laquelle on a rapporté les angles de poſition du Loroux-Botereau & de Vertou. Cependant la hauteur de Nantes a été obſervée par Meſſieurs Picard & de la Hire, à 13 minutes 10 ſecondes, & celle d'Angers doit être d'environ 28 minutes, ſelon qu'elle réſulte de ce qui précéde, ou 29 comme elle ſe trouve marquée dans la Connoiſſance des Temps. On voit par là, que la différence en queſtion ne va qu'à 15 minutes ou 16 pour le plus, & ſi la Carte a été orientée avec juſteſſe, il ne faut pas autre choſe pour en connoître la véritable Echelle, au moins dans l'intervale dont il s'agit.

Prenons maintenant la meſure des

distances. Celle d'Ingrande à Angers, que nous donne la Carte du Diocèse d'Angers, est de cinq lieues & demie, ce qui doit faire 13750 toises. On peut mesurer sur l'une & sur l'autre Carte, une distance particuliére d'Ingrande à Oudon, & on a la satisfaction de la trouver tout-à-fait semblable de part & d'autre, sçavoir six ieues moins environ un 16 de lieue c'est-à-dire 14840 & quelques toises. D'Oudon à Nantes ; on compte sur la Carte Nantoise, quatre lieues, & deux tiers de lieue, quelque chose de plus, à raison dequoi cette distance sera censée valloir 11730 toises ou environ. Si l'on prend mesure en droiture de Nantes à Ingrande, on trouvera 10 lieues & un peu plus de trois huitiémes de lieue, d'où je conclus 26000 toises assez juste.

Il faut voir après cela, que la position d'Ingrande est plus méridionale que la Parallele d'Angers, selon la Carte du Diocèse d'Angers, de la valleur de 4200 toises ou environ. Les deux Cartes se ressemblent dans la différence de hauteur entre Ingrande & Oudon, comme dans la distance. La différence en total du centre de la position de Nantes à la hauteur d'Ingrande, selon qu'elle nous est donnée par la Carte du Diocèse de Nantes, vaut sur son Echelle quatre lieues & demie & quelque chose par de là, ensorte que le tout peut faire 11300 & quelques toises. En joignant cette somme à la précédente, on aura pour la différence totale des hauteurs de Nantes & d'Angers, 15500 toises ou environ, qui vallent 16 minutes & environ

18 ſecondes, ce qui n'eſt encore que trop étendu par rapport à la différence de Latitude expliquée ci-deſſus.

Si nous ſaiſiſſions avidement tous les moyens qui ſeroient propres à racourcir les eſpaces, nous pourrions bien en prétextant la maniére dont il eſt dit que la Carte de Nantes a été orientée, & pour ne la bleſſer aucunement à cet égard, réduire l'intervale dont il s'agit à raiſon de la véritable différence de Latitude. Mais nous aurions peut-être à nous reprocher, d'avoir ôté quelque choſe ſur la quantité des diſtances ſelon qu'elles ont été déduites, & cela ſeroit contraire au parti que nous avons embraſſé & conſtament ſuivi, de préférer dans tous les cas un peu douteux, la plus longue meſure des diſtances à la plus courte. D'ailleurs, on peut être

être fondé à apporter quelque dérangement dans l'orientement de la Carte de Nantes, par une conséquence de la remarque suivante. Car, en traçant sur cette Carte la Parallèle de Nantes du côté du couchant, elle va razer la partie méridionale du Croizic, & chemin faisant touche presque la position de Saint-Nazaire, qui est sur une pointe à l'entrée de la Loire. Cependant, si l'on consulte la belle Carte des Côtes de Bretagne, dont il sera amplement question ci-après, on trouvera la position du Croizic de presque 6000 toises plus septentrionale que le centre de la position de Nantes, ensorte qu'une ligne tirée sur cette Carte, du même point de cette position au bord extérieur du Croizic, fait un angle avec la Parallele de Nantes, dont l'ouverture est pour le moins de 9 dégrés. Or, sans rien diminuer sur les distances précédentes, il suffira pour les contenir dans l'intervale de Latitude de 13 à 28 minutes, d'incliner le Nord de la Carte Nantoise de deux degrés un quart vers l'Est, ce qui ne saisit au plus qu'une quatriéme partie de la différence qu'on observe par rapport à la Carte des Côtes de Bretagne.

De là il résulte, que nous ne faisons pas grande violence à la Carte du Diocèse de Nantes, & que c'est la maintenir du côté des distances, & mettre plus que moins dans l'intervale dont il s'agit. Car pour la partie de cette Carte qui nous est seule nécessaire, nous aurions pû profiter de la maniére dont elle se trouve orientée, sans nous mettre en peine du reſte ; & en concluant la diſtance d'Angers à Nantes ſur la différence avérée de la Latitude de ces deux Villes, nous allions épargner quelques minutes de Longitude dans leur intervale.

Mais, nonobſtant ce qu'on a apporté d'attention à mettre plus que moins dans l'étenduë des diſtances, la poſition de Nantes n'arrive qu'à 48 minutes & environ 25 ſecondes du quatriéme degré de Longitude de nôtre Méridien de Paris. Cependant il y a une détermination de Nantes, dûë à Meſſieurs Picard & de la Hire, qui demande au moins 52 minutes & demie, en conſéquence d'une différence de 15 minutes & demie de temps, qui a paru entre les Obſervations correſpondantes de Nantes & de Paris, dont on a conclu la Longitude en queſtion. Quoique par une ſuite de ce que nous n'avons point eu de réſerve dans l'emploi des diſtances, nous ne ſoyons pas autant éloignés de cette détermination comme il auroit paru en agiſſant autrement, cependant il reſteroit encore une cinquante-ſeptiéme partie à diminuer ſur l'étenduë ordinaire des degrés. Cette partie excédante eſt à la vérité bien moindre qu'elle n'a réſulté de la détermination de la Fleche : mais, encore que notre meſure particuliére ſemble limitée à Nantes, toutefois il y a encore des moyens de pourſuivre, & de conférer, ſi l'on veut, la meſure de pluſieurs grands eſpaces, avec autant de déterminations de Longitude qu'il s'en peut rencontrer.

Je remarque dans le Neptune

François, immédiatement à la suite des Côtes de Bretagne, une Carte particuliére de ce qui est compris entre l'Isle de Noir-moûtier, & l'entrée de la Garonne. Cette Carte a été levée avec soin, & contient un grand détail dans ce qu'on s'est proposé d'y traiter. On est invité à faire liaison de la position de Nantes à celle de la Tour de Cordouan, dont la détermination Astronomique a été donnée par Messieurs Picard & de la Hire. Mais avant de faire usage de cette Carte, il faut avoir fixé quelque lieu particulier dans l'étenduë de l'Isle de Noir-moûtier, relativement à Nantes, & c'est ce qu'on a moyen de faire par la derniére Carte des Côtes de Bretagne, ou la précédente de celle dont il s'agit. Car le Méridien du clocher de Noir-moûtier, qui a communiqué son nom à l'Isle, rencontre à la distance de 11200 & environ 50 toises, la Parallele de Nantes, & le point de rencontre se trouve distant de la position de Nantes, prise à l'entrée du pont, de 25800 & quelques toises. J'ai été engagé de prendre la position du Noir-moûtier de cette maniére, par égard pour la disposition des parties qui ont dû être levées dans l'étenduë de la Carte, sur laquelle lesdites mesures ont été prises. En conséquence de quoi, il m'a paru que cette position du Noir-moûtier auroit pris place sur notre Carte, si elle avoit été prolongée jusques-là, à 4 degrés 28 minutes & quelques secondes, selon l'étenduë de la graduation ordinaire de Longitude. Il est encore à remarquer, que la Latitude de ce lieu doit être au moins d'une minute plus septentrionale que 47 degrés.

Il y a pourtant sur le bord de la Carte d'entre Noir-moûtier & Cordouan, une graduation, suivant laquelle la position particuliére du Noir-moûtier tient précisément au 47me degré. Mais, indépendament de cette graduation, nous avons un moyen sûr de vérifier l'Echelle de la Carte, par la différence de Latitude entre Cordouan & la Rochelle; le prémier de ces lieux étant fixé à 45 degrés 35 minutes 10 secondes, & le second ayant son Observation par Monsieur Richer, à 46 degrés 10 minutes 15 secondes. L'intervale est donc de 35 minutes & quelques secondes. Cependant, vû la graduation de la Carte en question, il n'y auroit pas 35 minutes completes entre le point de Cordouan & le milieu de la position de la Rochelle. Mais, si l'on corrige cette différence par celle qui résulte des Observations, & qu'on poursuive de mesurer sur le même pied le restant de la Carte, on s'appercevra que la position du Noir-moûtier devient en conformité de ce qui a été remarqué ci-dessus, d'environ une minute plus septentrionale qu'elle ne paroît dans la graduation appliquée à cette Carte. Le changement qui semble devoir être fait dans cette graduation, ne lui ôte au plus qu'une nonantiéme partie, ou deux tiers de minute sur la valleur d'un degré.

Après avoir connu l'Echelle de cette Carte, je trouve que les deux pointes du port des Sables d'Olonne ſont plus occidentales que Cordouan de près de 32 minutes de la Longitude ordinaire, & ces deux pointes plus orientales que la poſition du Noir-moûtier de 25 minutes & demie au moins. Ainſi, la différence entiére de Longitude entre le Noir-moutier & Cordouan, doit valloir 57 minutes & demie ou environ, ſelon l'eſpace qu'on attribuë à la graduation de Longitude. Il ne faut pas qu'on prenne garde à celle qui paroît ſur la Carte même. Car, outre la réforme qui a été faite dans ſa graduation de Latitude, celle de Longitude doit avoir ſon vice particulier, par la raiſon que la Latitude étant graduée également, c'eſt-à-dire ſans accroiſſement à meſure qu'elle eſt plus ſeptentrionale, cependant on trouve autant d'étendue dans les degrés de Longitude du Nord de la Carte comme dans ceux du Midi, quoique l'eſpace de plus d'un degré & demi, que cette Carte tient en Latitude, mette une différence d'une minute & demie pour le moins ſur le degré de Longitude. Ainſi, on ne doit point être ſurpris, que la différence de Longitude entre Noir-moûtier & Cordouan paroiſſe avoir deux minutes de moins par la graduation de cette Carte, que par le compte que nous en faiſons, qui eſt dans les regles.

Si l'on fait ſouſtraction de 57 minutes & demie, ſur 4 degrés & un peu plus de 28 minutes, qu'on a trouvé ci-deſſus dans la Longitude de Noir-moûtier, il s'enſuit, que la Tour de Cordouan doit ſe rencontrer à 3 degrés & moins de 31 minutes de la graduation ordinaire de Longitude, depuis le Méridien de l'Observatoire. Cependant, par observation faite à Royan, les celebres Messieurs Picard & de la Hire ont conclu la Longitude de Cordouan de 3 degrés 36 minutes 50 secondes. Or, pour faire entrer cette Longitude bien complete dans l'étenduë ordinaire de la graduation, à la quelle il manque ici 6 minutes plus que moins, il faut nécessairement resserrer cette graduation, & lui ôter pour le moins une trente-sixiéme partie.

Mais, afin de nous écarter autant qu'il est possible du Méridien de l'Observatoire, hâtons-nous d'ateindre Brest, jusqu'où nous pouvons reculer le terme des mesures positives, & qui nous prépare vrai-semblablement un ample dédommagement du peu que nous paroissons avoir acquis sur Nantes. Le point de Brest est sans contredit plus propre qu'aucun des précédens, à marquer ce qu'il peut y avoir de différence entre la véritable étenduë des degrés de Longitude, & celle qu'on leur a donné par supposition. Car, outre l'avantage évident de renfermer un plus grand espace de Longitude, il semble que la détermination de Brest ait encore quelque supériorité sur les autres, par l'attention toute particuliére qu'on y a apporté, comme le détail des Observations, contenuës dans le recueil des voyages de l'Academie, en fait juger. On voit que la différence de Longitude entre Paris & Brest, est fondée sur trois Observations correspondantes de l'immersion du du prémier Satellite de Jupiter, entre chacune desquelles on ne remarque qu'une ou deux secondes de diversité. Car avec 27 minutes de temps, il y a un excédent de 34, 36, ou 37 secondes. Les Observateurs se sont déclarés pour 36, & ont en conséquence conclu 6 degrés 54 minutes de Longitude entre Brest & l'Observatoire; surquoi on déduira, si on le juge à propos, quelque portion de minute, pour saisir ce que la différence Astronomique a de moins favorable à notre proposition.

Mais pour pouvoir faire usage d'une détermination aussi positive, il faut connoître la véritable distance de Brest, & c'est à quoi nous allons travailler. Ce qu'il y a de plus remarquable dans le Neptune François est la Carte des Côtes de Bretagne, qui a été levée par ordre du Roi dans un très grand détail. Elle eſt coupée en huit feüilles dans le Neptune, indépendament duquel je tiens en mes mains une portion manuſcrite & originale de cette Carte, qui comprend la cinquiéme feüille gravée, & la quatriéme & ſixiéme preſque entiéres. J'ai remarqué que la Carte gravée n'étoit pas plus réduite dans ſon point que la Carte originale, & ayant meſuré pluſieurs grands eſpaces par l'Echelle de l'une & de l'autre Carte, je n'ai trouvé aucune différence entre ces meſures, ce qui m'a induit à croire que l'Echelle de la Carte gravée devoit être juſte.

J'ai pris un grand ſoin à reconnoître cette Echelle avec préciſion. Chaque feüille gravée tient la ſienne en particulier, & on y trouve plusieurs mesures pour des Lieües de différente étenduë. Je me suis attaché par préférence à la mesure des Lieues de 2000 toises, parce que ces Lieues sont formées sur un compte rond & sans fraction de la mesure positive des Toises, dont il est censé qu'on s'est servi dans la mesure actuelle de quelques bases en construisant la Carte. J'ai comparé éxactement les Echelles des différentes feüilles. Celles de la 5, 6, 7 & 8me feüille m'ont paru se rapporter avec précision. L'Echelle de la 4me feüille est de quelque petite chose plus courte. Elle est au contraire un peu plus longue dans la prémiére, seconde & 3me feüille, avec une différence assez sensible dans la prémiére. Mais, il est à remarquer, que la convenance qui a paru avec l'Echelle de la Carte originale, tombe ſur l'Echelle de la 5me feüille & autres qui s'y rapportent. Car s'il eſt néceſſaire d'en produire quelque preuve, la diſtance du centre du Château de Breſt à la pointe de Souche, qui eſt entre Audierne & Pen-marc, preſque au Méridien de Breſt, ayant été ſoigneuſement meſurée, elle s'eſt trouvée de 21300 & environ 80 toiſes, comme il eſt libre à chacun de le vérifier ſur la piéce imprimée. Celle que je poſſede manuſcrite, a ſon Echelle meſurée uniquement par Lieues de 2853 toiſes ou de 20 pour l'étenduë d'un degré. J'en ai compté ſept & difficilement une demie dans l'intervale dont il s'agit, qui en ſuppoſant la meſure plus aiſée, ſeroit de 21397 toiſes. Mais à raiſon d'un peu de difficulté à y faire entrer la demie lieue bien complete, j'ai conclu que l'égalité de meſure étoit encore plus grande qu'elle ne paroît dans la comparaiſon des deux quantités de toiſes. J'ai donc crû devoir préférer l'Echelle des quatre derniéres feüilles à celle des prémiéres, quoiqu'étant plus courte elle fût moins propre à racourcir les eſpaces, ce qu'il eſt bien vrai que nous ne cherchons point ici.

D'abord il faut ſonger que Monſieur Caſſini nous met à Saint-Malô, & pour en connoître le lieu, il ſuffit d'être informé qu'il s'eſt trouvé moins diſtant du Méridien de Paris d'une trente-ſixiéme partie, à déduire ſur la diſtance Aſtronomique, c'eſt-à-dire ſur l'eſpace qu'on attribuë à la Longitude dans la différence obſervée entre Saint-Malo & Paris. Cette différence a paru à Monſieur Picard de 18 minutes de temps, ou de 4 degrés 30 minutes, dont la trente-ſixiéme partie eſt juſtement une demie minute de temps, ou 7 minutes & demie de degré. Ainſi, l'intervale de Paris à Saint-Malo n'occupe réellement que 4 degrés 22 minutes & demie de l'étenduë qu'on a juſqu'à préſent donné à la Longitude.

Ce qu'il reſte de diſtance entre S. Malo & Breſt, doit nous être indiqué avec quelque juſteſſe, par une Carte levée Géométriquement, & de l'importance de celle de la Côte de Bretagne. Nous n'avons pas plus lieu d'attendre que la meſure de cette Carte nous ſoit favorable que contraire, & il ne ſeroit pas juſte de même, de l'avoir pour ſuſpecte plûtôt dans un ſens que dans un autre. Après avoir étudié l'Echelle de la Carte en question, comme j'en ai rendu compte, j'ai pris ſoin de réduire cette Carte ſur une continuation de la projection de notre petite Carte, & en conſéquence de cette réduction faite dans les regles, la différence entre S. Malo & Breſt ne paroît occuper que 2 degrés 14 minutes au plus de la graduation de Longitude ſur le pied ordinaire. On n'a pas crû qu'il fût bien néceſſaire de faire la dépenſe de la gravure de cette réduction, puiſque le Neptune François étant un recüeil public, on ſera à portée d'y recourir pour la vérification de ce qu'on avance ici.

Que l'on joigne cette portion de Longitude à la précédente, on ne trouvera en total que 6 degrés 36 minutes & demie. Ainſi voila 17 à 18 minutes de moins qu'il ne faut à la détermination Aſtronomique, & dont par conſéquent la valleur doit être rabbatue ſur l'eſpace attribué cy-devant à la Longitude, qui dans l'intervale dont il s'agit ici en dernier lieu, ſe montre avec plus d'une *vingt cinquiéme* partie de trop.

Quand il n'a été queſtion précédament que de deux, trois, ou quatre minutes de degré, qui dépendent dans l'Obſervation de quelques ſecondes de temps, on a peut-être penſé, que cela devoit être attribué en tout ou en partie, à quelque defaut inévitable de préciſion dans les Obſervations de ce genre, lequel prendroit grande part dans une petite quantité de Longitude, comme celle d'un degré & demi ou deux. Mais un pareil argument ſeroit aiſé à détruire. Car nous n'avons évité dans le terrain qui a été parcouru, aucune des déterminations Astronomiques de Longitude, qui ont été données par l'Academie Royale des Sciences. Cependant, en produisant comme nous avons fait ici, * sept de ces déterminations, qui nous ont mis à une espece d'épreuve, la différence entre la distance Géométrique & le lieu Astronomique, s'est toujours rencontrée du même côté. Or, pour qu'il fut permis de soubçonner, que l'inéxactitude des Observations a pû donner lieu à des différences telles que celles qui ont été relevées, il faudroit que ces déterminations se

* Tours.
la Fleche.
Angers.
Nantes.
la Tour de Cordouan.
Saint-Malo.
Brest.

trouvassent partagées entre le pour & le contre. Peut-on croire que le hazard seul ait arrangé les choses tout autrement ? Il seroit aussi naturel d'imaginer, que ces déterminations ont été faites exprès, pour favoriser une hypothese, dont il ne paroît pas qu'on eût idée lorsqu'elles ont été observées.

Nous conviendrons bien, que la précision de la détermination Astronomique de Longitude, en supposant même une grande délicatesse dans l'observateur, n'est pas toujours à quelques minutes de plus ou de moins ; & il faut bien que nous convenions de cela, pour sçavoir à peu prés pourquoi il ne se voit pas plus d'égalité dans la différence qu'on a constament remarquée sur chaque détermination. C'est par rapport à cela, que la mesure d'un grand eſpace de Longitude donne lieu de ſtatuer avec plus de préciſion, ſur ce qu'il doit y avoir de moins dans la véritable étenduë des degrés de Longitude que dans la ſuppoſition ordinaire. Car, ſi il eſt à préſumer, que la détermination de Longitude qui ferme cet eſpace, peut avoir une petite erreur, cette petite erreur n'influera pas ſur une grande quantité de graduation comme ſur une petite.

On ne peut diſconvenir, qu'il n'y ait beaucoup d'avantage à cauſe de cela dans la détermination de Breſt. Pour l'accommoder à la graduation ſuppoſée de Longitude, il faudroit que d'auſſi ſcrupuleux obſervateurs que Meſſieurs Picard & de la Hire, nonobſtant les précautions exprimées dans le détail des Obſervations, ſe fuſſent trompés de plus d'une minute de temps dans trois Eclipſes du prémier Satellite de Jupiter, obſervées par correſpondance ſur le Méridien de Paris. Quand cette détermination, que je regarde comme la plus préciſe, auroit encore le petit defaut qui ne peut être ſenſible dans les Obſervations, & qu'on voudroit que ce defaut fût plûtôt dans le ſens contraire à notre hypotheſe que dans l'autre, il eſt toujours inconteſtable, qu'il paroît dans la détermination de Breſt quelque notable différence de Longitude, dans le ſens de notre propoſition. Je ne fais pas même difficulté de déclarer, que s'il falloit opter entre cette différence de Breſt & celle qui ſemble moindre dans les autres déterminations, je donnerois la préférence à celle de Breſt, non-ſeulement pour

ce

ce que vaut ſa détermination en elle même, mais encore par l'idée que j'ai d'ailleurs du reſſerrement de la Terre ſur les Paralleles. Si cela paroît un peu violent, il faut au moins ſe réſoudre à prendre un milieu, comme de 24 à 36. On établira ainſi la diminution de la circonférence de la Terre, d'une TRENTIEME partie, à rabbattre ſur l'étenduë qu'on lui a cru juſqu'à préſent.

On trouvera peut-être à redire, que je n'aye pas pris la Carte marine de Bretagne, à Nantes, juſqu'où cette Carte a été continuée, plûtôt qu'à Saint-Malo, puiſqu'au moyen de cela notre meſure particuliére priſe ſur la Loire, auroit eu une liaiſon immédiate avec la poſition de Breſt. Deux raiſons m'ont déterminé à en agir autrement. La prémiére eſt, que la poſition de Saint-Malo tient de plus près à celle de Breſt que Nantes, & que les Opérations Géométriques de Monſieur Caſſini, qui nous portent juſqu'à Saint-Malo, attirent encore plus de confiance que la meſure que nous avons conduit de notre mieux juſqu'à Nantes. L'intervale entre S. Malo & Breſt étant moindre qu'à l'égard de Nantes, ſi par hazard il y a quelque ſorte de vice dans la meſure de la Carte des Côtes de Bretagne, ce vice aura moins de lieu de s'étendre ſur un petit eſpace que ſur un grand.

On ſera peut être ſurpris de la ſeconde raiſon, qui eſt que par l'intervale que la ſuſdite Carte met entre Nantes & Breſt, ce dernier point ſe trouve encore moins écarté que par ſon éloignement de Saint-Malo.

Car, ayant pourſuivi de réduire la Carte entre Breſt & Nantes, comme entre Saint-Malo & Breſt, je n'ai repris dans cet intervale de Breſt à Nantes, que deux degrés & environ 41 minutes de la Longitude ordinaire. Par-là, il a paru un vuide d'environ ſept minutes, entre la poſition de Nantes ſuivant la Carte des Côtes de Bretagne, & la même poſition ſuivant la petite Carte ci-jointe. Car ſi cette différence de 2 degrés 41 minutes, eſt ajoûtée à 3 degrés 48 minutes & à peu près demie de la même Longitude, qui remplit l'intervale meſuré entre la ligne Méridienne de Paris & Nantes, on ne comptera dans la Longitude entiére de Breſt, que 6 degrés 29 à 30 minutes. Or nous avons meſuré environ ſept minutes de plus par l'autre côté,

& nous nous y tiendrons volontiers ſans autre éxamen, pour conſerver juſqu'à la fin, le parti des eſpaces les plus étendus & les moins favorables à notre hypotheſe.

Mais, ſi l'on y prend garde, c'eſt un grand avantage de réſerve pour la meſure analyſée ci-deſſus, que cette eſpece d'inégalité de meſure ſur la Côte de Bretagne, qui, comme on voit, laiſſe un vuide de plus de ſix minutes en Longitude, dans la partie qui nous ſert à meſurer l'intervale du Méridien de Paris à celui de Breſt. Il y a dans ce vuide de quoi ſuppléer ſi conſidérablement à l'étenduë quenous avons meſurée, que s'il y manque quelque choſe, j'ai de la peine à croire que cela puiſſe être auſſiconſidérable. Ainſi, quand par quelque plus grande étenduë ou allongement de terrain dans la partie mesurée, le rétressissement des degrés sur les Paralleles, ne seroit pas tout-à-fait sensible par les déterminations alléguées entre Paris & Nantes, il demeureroit toujours en même évidence & quantité, par la détermination de Brest, qui est incontestablement plus propre que toutes les autres, à démontrer le rétressissement de la Longitude, qui fait le sujet de notre proposition.

QUoique ce qui eſt expoſé ci-deſſus ſoit d'une évidence & d'une préciſion démonſtratives, cependant ma conviction particuliére ſur ce qui en réſulte doit être encore plus grande, & mon opinion plus décidée, par rapport au grand nombre d'autres circonſtances qui m'ont engagé dans cette opinion indépendament même de ce qui précede. S'il étoit queſtion de groſſir un écrit ſur ce ſujet, je croi que je pourrois multiplier l'eſpece de preuve ou de démonſtration employée ci-deſſus. En faiſant même un choix parmi un grand nombre de circonſtances tendantes au même but, on auroit à produire des meſures ou étenduës analyſées de pluſieurs autres eſpaces, à peu près comme celle qui fait le corps du présent écrit, & on les accumuleroit pour ainsi dire les unes sur les autres. Il est très naturel de penser, que quand chacune de ces mesures en particulier, ne paroîtroit pas précisement aussi positive que celle qui est ici, leur convenance entre elles donneroit lieu de conclure également la même chose.

Il y a cinq ou six ans & peut être d'avantage, que voulant établir la Longitude sur une Carte particuliére d'une contrée de Normandie, quoiqu'il ne fût question que d'une différence de deux degrés ou environ à l'égard du Méridien de Paris, je sentis quelque chose de moins dans la mesure qui me parut assez positive de cet espace, en la comparant avec une détermination Astronomique de

Longitude. Comme j'étois alors moins assûré dans l'opinion qu'il m'a fallu embrasser depuis, cette difficulté & quelques autres que j'aurai peut-être occasion d'exposer, ont été avec des occupations d'ailleurs, la cause d'un grand retardement dans la Carte dont je parle.

J'ai sondé dans la suite un intervale dans les Pays-Bas, qui occupe plus de trois degrés en Longitude, par la Latitude d'environ 51 degrés. Ce qui m'a fait essayer cette mesure, c'est qu'il m'a paru qu'elle se pouvoit recueillir éxactement de la liaison de plusieurs morceaux Géographiques, qui dénotent une précision suffisante. Il en sera question dans l'analyse d'une Carte d'Allemagne en deux grandes feüilles.

L'Italie, qui est un objet des plus

confidérables pour quelqu'un qui applique une partie de fon étude à l'Ancienne Géographie, l'Italie, dis-je, a beaucoup contribué à me faire croire, que la Terre doit être moins étenduë d'Occident en Orient qu'on le fuppofe. Je me fervirois principalement de ce qu'il y a d'intervale entre Turin & Bologne pour confirmer cette hypothefe. Mais, c'eft de quoi rendre une Carte de l'Italie, pareille à celle de l'Allemagne, plus intéreffante. Je me garderai bien de la publier, fans y joindre une difcution Géographique par écrit, qui puiffe juftifier cette Carte des changemens affez confidérables qu'elle apportera aux précédentes. Cette Italie, foit dit en paffant, eft un morceau que j'ai fort à cœur de donner auffi-tôt que je trouverai quelque tems pour l'achever, & l'écrit qui doit l'accompagner est actuellement plus avancé que la Carte même. L'intervale dont je viens de parler, remplit environ quatre dégrés de Longitude. Sa Latitude est de 44 à 45 degrés. Ainsi elle est autant éloignée vers le Sud de l'espace dont la mesure est ici donnée, que la Latitude de l'espace mesuré dans les Pays-Bas s'en écarte du côté du Nord; & il y a une différence de six degrés entre les deux Latitudes plus distantes.

Il n'est pas indifférent d'observer, que le rétressissement de la Terre sur les Paralleles, se soit fait sentir par différentes Latitudes, quoiqu'après l'avoir reconnu sensiblement quelque part, il ne paroisse pas naturel de ne le pas supposer répandu par tout, en proportion plus ou moins correspondante. Mais enfin, pour connoître la chose plus positivement, je l'ai tâtée, si l'on peut se servir de ce terme, dans des Latitudes moins différentes de l'Equateur. Par exemple, l'intervale d'Alexandrie d'Egypte à Jérusalem est entre 31 & 32 degrés de Latitude. Je suis dans la persuasion, que la distance d'un lieu à l'autre se peut établir avec assez grande précision, sur des mesures éxactes que les Anciens nous ont laissées; après quoi, il ne faut que comparer cet espace avec la détermination Astronomique de l'un & de l'autre point qui le renferme: car elle nous est donnée dans la Connoissance des Temps. Il est vrai qu'il y a quelque lieu d'appréhender, que la détermination de Longitude de Jérusalem ne soit pas aussi positive que celle d'Alexandrie, qui a été obſervée par Monſieur Chazelles. Cette circonſtance m'empêche de tirer une conſéquence affirmative de l'intervale d'Alexandrie à Jéruſalem. Mais quoiqu'il en ſoit, dans une Carte de la Paleſtine ou du Patriarchat de Jéruſalem, achevée au mois de May 1732, & qui doit entrer dans l'*Oriens Chriſtianus*, la poſition de Jéruſalem ſe rencontre à neuf ou dix minutes plus près de la Longitude d'Alexandrie, parce que les degrés de Longitude dans cette Carte ſont encore dans l'étenduë qu'on leur ſuppoſe ordinairement, & qu'il y en a environ cinq de différence entre Alexandrie & Jéruſalem, ſuivant les déterminations données. J'ai été ſurpris de voir en certaines Cartes, que la poſition de Jéruſalem y ait été portée plus loin que la détermination

tion d'environ un quart de degré.

Les preuves du rétreſſiſſement de la Terre ſont pour moi plus générales que je n'ai entrepris de l'expoſer ici. Je proteſterai ſeulement, que j'ai ſenti la même choſe preſque par tout, en prenant de grandes précautions pour ne pas incliner vers ce parti-là, dans les circonſtances douteuſes ou équivoques. Entre toutes les combinaiſons d'étenduë qui m'ont ſemblé conduire à la même conſéquence, il y en a ſans doute beaucoup, qui détachées les unes des autres, ne paroîtroient pas abſolument déciſives : mais, réünies toutes enſemble, elles prennent une force de démonſtration, qui ajoûte un poids conſidérable aux preuves poſitives, comme peut être celle qu'on a produite ci-deſſus.

Je terminerai ceci par une démonſtration, que me fourniſſent les Cartes des Provinces de la Chine, levées ſur les lieux par les R R. P P. Jeſuites, ſous le regne du feu Empereur Kamhii. Ces Cartes, aux quelles ſe joint une partie de la Tartarie, compoſent vrai-ſemblablement le plus vaſte ouvrage de Géographie, auquel on ait employé les regles de l'Art. On s'eſt ſervi de moyens Géométriques pour dreſſer ces Cartes. Mais, ſuivant ce que les R R. P P. eux-mêmes ont écrit ſur leur propre ouvrage, on n'y a point fait uſage des Obſervations Aſtronomiques par rapport à la Longitude. Et en effet on pouvoit n'y pas trouver ſon compte. Car ſi il eſt vrai que les degrés de Longitude ſoient moins étendus qu'on le ſuppoſoit, il s'enſuit, que lorſque par le réſultat des Opérations ou meſures

Géométriques, on ſe croyoit à quinze degrés de différence à l'égard du Méridien de Pe-KIM, cependant il en devoit paroître quinze & demi ou environ par Obſervation Aſtronomique de la Longitude. Dans cette apparence de diverſité, comme les Opérations ſur le terrain ſont plus palpables pour ainſi dire, que les Obſervations celeſtes, il eſt aſſez naturel de ſe croire plus ſûr des prémieres que des ſecondes. Quoiqu'il en ſoit, nous ſommes avertis par les R R. P P. même, que la graduation de Longitude marquée ſur les Cartes particuliéres des Provinces de la Chine, n'a point été établie ſur des Obſervations poſitives de la Longitude. Ainſi cette graduation a été appliquée ſimplement à la meſure Géométrique des eſpaces, en faiſant l'étenduë ou la grandeur des degrés telle qu'on la ſuppoſée juſqu'à préſent. Néanmoins ces dégrés étant dans la réalité moins étendus, ſi nous trouvons des déterminations Aſtronomiques de Longitude par Obſervation poſitive, elles ne doivent pas s'accorder avec la graduation des Cartes. La Longitude obſervée doit toujours ſe trouver en plus grande différence. Or, ſi cela ſe rencontre effectivement, ne ſera-t-il pas manifeſte par les Cartes des Provinces de la Chine, levées ſur les lieux, & qui fourniſſent un vaſte terrain, que la Terre doit avoir moins d'étenduë ſur les Paralleles, & pourra t-on même ſans admettre cette hypotheſe, concilier ces belles Cartes avec les déterminations Aſtronomiques ? Entrons en examen.

La Longitude de Si-ghann-fou, ville celebre & capitale de la Province de Chenn-ſi, & même le Siége de l'Empire ſous pluſieurs Dynaſties, a été obſervée par le P. le Comte. Le R. P. Gaubil dit avoir en original le détail de cette Obſervation, comme on l'apprend du R. P. Souciet, dans ſon prémier Recueil d'Obſervations Mathématiques &c., p. 176. Ce Pere cite même par rapport à l'Obſervation dont il s'agit, les Mémoires de l'Academie des Sciences de l'année 1699. Suivant cette Obſervation, la Longitude de Si-ghann eſt en différence Occidentale à l'égard du Méridien de Pe-kim, de 7 degrés 39 minutes 45 ſecondes. Cependant, je remarque dans la graduation des Cartes de la Chine, qui eſt comptée du Méridien de Pe-kim, qu'il s'en faut environ ſept minutes que la Longitude de la ville dont il s'agit, ne ſoit autant différente de ce Méridien.

Il y a eu obſervation de Longitude à Leam-tcheou, ville de la même Province de Chenn-ſi, & voiſine de la grande Muraille. Cela eſt déclaré poſitivement au même endroit du même Recueil, où il eſt dit que cette Longitude a été trouvée de 13 degrés 56 minutes Oüeſt de Pe-kim. Toutefois par la graduation de la Carte, cette ville prend ſa place à 13 ou 14 minutes de moins à l'égard du Méridien dont nous comptons.

Suivant le même P. Gaubil (comme on peut voir à la page ſuivante du ſuſdit Recueil) la diſtance de Leam-tcheou à Kia - yu - Koann, dernier passage de la grande Muraille du côté de l'Occident, a été établie en conséquence de la mesure du chemin. Or, ce Pere ajoûte précisement, que par une suite des observations précédentes, la position de Kia-yu-Koann doit tomber dans la Longitude de 17 degrés 56 minutes de Pe-kim, & cependant elle se trouve à 15 ou 16 minutes en deça suivant la graduation des mêmes Cartes.

J'ai fait attention à une Table de quelques Longitudes de Villes, qui est à la page 139 de l'Astronomie Chinoise du P. Gaubil, publiée par le P. Souciet. On ne nous dit point si ces Longitudes ont été observées ou non, mais enfin plusieurs d'entre elles ne sont point conformes à la graduation des Cartes. Car, suivant cette Table, Ho-nann-fou, ville de la Province de Ho-nann, eſt à 4 degrés 6 minutes Oueſt de Pe-kim, & Tâi-toum-fou, ville de Chann-ſi, à 3 degrés 15 minutes. Cependant en jettant les yeux ſur les Cartes particuliéres de ces Provinces, les poſitions des villes dont il s'agit paroiſſent moins diſtantes de quelques minutes du Méridien de Pe-kim; & cela revient préciſement à ce que les déterminations poſitives de Si-ngann & de Leam nous ont fait remarquer de différence avec la graduation des Cartes, différence qui ne paroît à la verité que de la valleur d'une minute par degré. Mais il y a d'autres points à éxaminer.

La derniére page de l'Aſtronomie Chinoiſe nous fournit une détermination Aſtronomique de Tchim-tou-fou, capitale de Sſe-tchouen. Par Obſervation d'une Eclipſe de Lune, les R R. P P. Jéſuites ont conclu la différence entre Tchim-tou & Pe-kim de 52 minutes 22 ſecondes de temps, qui font 12 degrés 35 minutes 30 ſecondes. Cependant ſuivant la graduation des Cartes, & comme il eſt auſſi marqué dans la Table alleguée ci-deſſus, la ville de Tchim-tou n'eſt qu'à 12 degrés 16 minutes du Méridien de Pe-kim. Ici donc il ſe montre une différence de 19 minutes au moins, ſur douze degrés & un peu plus d'un quart, ce qui fait au de-là d'une minute & demie ſur chaque degré.

En voila peut-être aſſez dans la Longitude Occidentale de Pe-kim: cherchons maintenant dans l'Orientale. Le R. P. Souciet dans ſon prémier Recueil d'Obſervations, p. 209 nous indique deux déterminations de Longitude de ce côté-là. L'une de Tâi-tcheou-fou, dans la Province de Chann-toum, à 3 degrés 45 minutes 30 ſecondes de différence du Méridien de Pe-kim: l'autre de Tem-tcheou-fou dans la même Province, à 4 degrés 38 minutes 40 ſecondes du même Méridien. Les P P. Regis & Jartoux ſont poſitivement cités, pour avoir fourni ces deux déterminations.

Cependant ſuivant la graduation des Cartes, il s'en faut bien 7 à 8 minutes que la poſition de la prémiére de ces villes ſoit autant différente du Méridien de Pe-kim, & de la ſeconde au même Méridien on compte par même proportion environ 10 minutes de moins. Voila juſtement la valleur de deux minutes ou un trentiéme à ôter, ſur l'étenduë de chaque degré, pour que la détermination Aſtronomique convienne à la meſure actuelle & Géométrique de cet eſpace, donnée par les Cartes.

Nous venons d'expoſer tout de ſuite cinq déterminations de Longitude par obſervation poſitive, qui toutes cinq ont une même conſéquence, quoiqu'elle paroiſſe un peu plus ou moins forte. Si dans un eſpace meſuré Géométriquement, il entre une plus grande différence de Longitude ou quantité de degrés, que la graduation ſur le pied ordinaire n'en admet, il faut néceſſairement conclure, que les degrés de Longitude tiennent moins de place ou ont moins d'étenduë qu'on leur en ſuppoſe.

Donc la Terre doit être rétressie sur les Paralleles.

Ce que la Chine nous fournit ici est d'autant plus considérable, que si l'on met ensemble les deux Longitudes plus distantes du Méridien de Pe-kim, sçavoir celles de Leam & de Tem-tcheou, on trouvera un intervale de dix-huit degrés & plus de trente minutes, ce qui fait plus d'une vingtiéme partie de la circonférence de la Terre. Il est encore à remarquer, que c'est par une Latitude où les degrés ne perdent qu'une cinquiéme partie ou environ, de leur étenduë sur l'Equateur. Car les villes ci-dessus nommées sont par moins de 38 degrés. La ville de Tchim-tou dont la Longitude nous sert ici, est même reculée vers le midi au delà du 31 degré. Les sçavans connoîtront bientôt

tôt par eux-même ce que je viens de tirer des Cartes particuliéres de la Chine, lesquelles doivent paroître au commencement de l'année prochaine dans le grand ouvrage du R. P. Duhalde.

Il y a un article considérable, auquel je ne toucherai pourtant point en détail, qui est celui des distances marines. Il est à propos de remarquer, que les grands voyages de Mer sont plus généralement entre l'Orient & l'Occident, qu'entre le Nord & le Midi. Quoique les mesures des Routes marines soient souvent sujettes à erreur, néanmoins la répétition fréquente sur les mêmes espaces ou traverses de Mer, met une sorte de précision dans les Routiers faits avec soin, & sur le travail réitéré des navigateurs habiles & expérimentés.

Je me ſuis plus d'une fois apperçu, que pour déférer à des meſures ainſi données d'une Côte à une autre, il faudroit néceſſairement ſuppoſer plus d'étenduë dans certains eſpaces de terre, que leur meſure particuliére n'en demande. Delà on peut inférer, que les diſtances marines concourent à demander le rétreſſiſſement de la Terre dont il s'agit.

Quoique je ne prétende tirer d'induction en faveur de cette hypotheſe que du fond même de la Géographie, elle paroît neanmoins aidée par une réflexion toute naturelle & Phyſique. La figure Elliptique de la Terre, & ſon allongement vers les Poles, ſemblent plus propres à la déterminer & maintenir dans le mouvement diurne qu'on lui ſuppoſe ſur ſon axe, que la figure parfaitement Sphérique, dans laquelle le centre de gravité étant égal pour toutes les parties de la superficie, il paroît indifférent comment elle tourne, & pourquoi elle le fait sur un même cercle invariablement. Je conviendrai, qu'il peut suffire du prémier mouvement imprimé ou donné par le Créateur de la machine, & ce seroit une bonne raison pour que ce mouvement fût conservé dans toute sa régularité. Mais cette régularité de mouvement seroit peut-être plus compréhensible, & conviendroit davantage avec quelque inégalité dans la forme de la Terre. Le Créateur ne seroit pas moins admirable, pour avoir fixé la propriété du mouvement par cette forme; & il semble que nous devions prendre idée de la forme, sur ce qui nous paroît du mouvement.

FIN.

OBSERVATIONS

Sur quelques circonstances principales de cet ouvrage.

LE Public est déja prévenu, par la maniere dont je me suis expliqué dans l'*Avertissement*, que je ne prétens point répondre indifféremment de toutes les circonstances de la discution Géographique qui précede. Il est manifeste, que ce ne sont point mes opérations particuliéres que j'expose; mais seulement une combinaison de diverses instructions qui m'ont été fournies, auxquelles se joignent même quelques parties empruntées de plusieurs morceaux publics, ou imprimés. Je ne crains pas tant de paroître comptable de ce qui ne seroit pas juste dans tout ce détail-là, que quelque mauvaise conséquence qu'on en voudroit tirer au désavantage de la Propoſition du rétréciſſement de la Terre ſur les Paralleles, qui eſt le point eſſentiel & le ſujet véritable de cet ouvrage. Cependant il n'eſt pas douteux, que quand il y auroit aſſez conſidérablement à redire dans l'eſpace ici donné entre Orleans & Nantes, cela ne porteroit point atteinte à notre Propoſition. Quoique ce que je dis actuellement ait déja été inſinué dans le même Avertiſſement, comme dans un autre endroit du corps de l'Ouvrage, le Public ne déſaprouvera peut-être pas que j'inſiſte un peu ſur cet article, pour le mettre dans tout ſon jour.

La détermination de la Longitude de Breſt à l'égard du Méridien de l'Obſervatoire, peut fixer toute notre attention, lorſqu'il s'agit de connoître évidemment un rétréciſſement ſenſible dans les degrés de Longitude. Ce qui rend cette détermination préférable à d'autres déterminations intermediaires, & même ſuffiſante, a été expoſé p. 108. & 109. Or la meſure de l'eſpace intercepté entre le Méridien de Paris & celui de Breſt, ne dépendra, ſi l'on veut, que du réſultat des Opérations de M. Caſſini juſqu'à S. Malo, & de la partie excédante donnée par la Carte de la Côte de Bretagne, qui a été levée géométriquement par M. de la Voye, que j'aurois dû citer plutôt, & de la capacité duquel il n'y a pas lieu de douter. Par ce chemin-là, & en mettant à part la meſure du terrain compris dans la petite Carte de ci-deſſus, nous n'avons trouvé dans la diſtance du Méridien de Paris à celui de Breſt, qu'autant d'eſpace qu'il en faut pour remplir 6 degrés & 36 à 37 minutes de la graduation de Longitude, ſuivant l'étendue qu'elle doit avoir dans la ſuppoſition de la ſphéricité de la Terre.

Mais, ſi en conformité de ce qui a été remarqué pareillement (p. 123) la différence de Longitude entre Breſt & Nantes ne vaut que 2 degrés & environ 41 minutes de la graduation ſur le même pied, ne s'enſuit-il pas que la différence entre le point pris à Nantes & le Méridien de l'Obſervatoire, pourra occuper un eſpace vallant 3 degrés & plus de 55 minutes de la ſuſdite graduation ? Or, il eſt bien vrai, que dans la petite Carte ci-jointe, la poſition de Nantes ne differe du Méridien ci-deſſus que de 3 degrés 48' minutes & demi ou environ. Mais il en reſulte au moins, que nous avons une reſſource conſidérable pour ſuppléer à cet eſpace, ſi on ne lui a pas donné ſuffiſamment d'étendue, & par conſéquent un défaut de cette nature ne peut préjudicier à la Propoſition dont il s'agit.

Après cette remarque, il n'y a nul riſque pour cette Propoſition à dire, que la poſition de Château-Dun, ſelon que M. Caſſini a bien voulu me l'apprendre, s'écarte du Méridien de Paris au de là même de ce qu'on doit ajoûter à la Carte, ſur la réforme marquée dans l'Avertiſſement ; & il paroît inévitable de préſumer que cette extention doit agir par correſpondance ſur cette partie oblique du cours de la Loire, qui doit avoir été plus embaraſſante & plus équivoque à établir que le reſte.

Quand on a fait uſage de la Carte des Côtes de Bretagne, ce n'eſt pas ſans l'examiner de pluſieurs maniéres. Un des prémiers ſoins a été de voir, ſi par l'Echelle bien vérifiée de cette Carte, & ſa poſition ou maniere d'être orientée, il y auroit de la convenance avec les déterminations en Latitude, principalement entre Breſt & Nantes, dont la différence eſt beaucoup plus conſidérable qu'entre Breſt & S. Malo. Meſſieurs Picard & de la Hire ont donné la détermination de Breſt pour l'endroit en particulier du Château, qui couvre le port, & ſe diſtingue bien dans la ſuſdite Carte. Il eſt vrai que l'intervale de Breſt à Nantes ſe trouve partagé entre quatre feuilles dans le Neptune François. Mais après avoir meſuré une différence particuliére de hauteur dans l'étendue de chaque feuille, on trouve en total 66600 & environ 60 toises, en prenant le point de Nantes à l'endroit qui sur la Carte paroît être l'entrée du pont.

Si l'on prend le degré à 57060 toises, suivant la mesure de M. Picard, & la mesure commune des degrés dans l'étendue de la France donnée par M. Cassini, la différence de hauteur entre Nantes & Brest mesurée sur la Carte marine de Bretagne, doit valoir au delà de l'étendue d'un degré, 10 minutes & près de 6 secondes. Cependant entre la Latitude de 47 degrés 13 minutes 10 secondes, observée à Nantes par Messieurs Picard & de la Hire, & celle que les mêmes Astronomes ont indiquée pour le Château de Brest à 48 degrés 23 minutes, il n'y a de différence plus qu'un degré, que 9 minutes 50 secondes. Ainsi il paroîtroit un excédent d'environ 16 secondes ou 250 toises, dans la mesure prise sur la Carte des Côtes de la Bretagne.

Si l'on juge cette diversité assés grande, pour qu'il y ait lieu de croire que la Carte dont il s'agit n'a point été orientée précisément sur la différence des Latitudes observées, ou assujettie à ces déterminations, il en résultera infailliblement, que dans le travail de cette Carte on a extrêmement approché de la précision qu'on peut attribuer aux observations; d'autant plus même que cette apparence de diversité, qui ne consiste qu'en une 265me. partie, pourroit dépendre en quelque chose d'une diversité de lieu dans l'étendue de la Ville de Nantes. Or qui ne sent que cela ne peut se rencontrer ainsi, sans qu'il y ait dans le sens de la Longitude, une justesse correspondante à celle qui paroît dans la Latitude?

On pourroit peut-être juger tout autrement, & voir assez de convenance entre la mesure ci-dessus alléguée & les déterminations, pour se persuader que l'Auteur de la Carte a pû effectivement mployer ces déterminations-là dans la maniére d'orienter ſon ouvrage. Mais en ce cas-là il faudra convenir, qu'un auſſi habile homme que l'étoit M. de la Voye, n'a pû ſe diſpenſer d'adopter en même tems la différence de Longitude entre les points de Breſt & Nantes, telle qu'elle a été donnée avec les Latitudes de ces lieux, ſans une forte préſomption que la diſtance établie par des opérations Géométriques éxactes & poſitives, ne la permet pas plus grande dans l'intervale de ces Villes. Car il eſt aiſé de concevoir, qu'avec un peu d'accourciſſement dans l'Echelle de la Carte, & quelque déclinaiſon occidentale on auroit pû s'y conformer à la différence de Longitude comme à celle de Latitude. Ces réfléxions ſont propres à établir la confiance à l'égard de la belle Carte de la Côte de Bretagne.

Il eſt peut-être à propos d'entrer dans quelque explication au ſujet du *trentieme*, dont il eſt queſtion dans cet ouvrage comme d'une réduction à faire sur l'étendue ordinaire de la graduation de Longitude. Les personnes équitables conviendront, qu'il est indispensable à quelqu'un qui se livre à la composition des Cartes de Géographie, de prendre un parti déterminé sur la distance des Méridiens. On n'a pû, ce semble, mieux faire que de prendre un milieu entre diverses inégalités, sur tout quand cette moyenne proportion est remarquable par une quantité de différence dont le rapport est aisé & commode à faire. Ce n'est pas que je ne sois bien persuadé, de l'importance comme de la difficulté, de connoître avec grande précision la différence dont il s'agit, & même en diverses Latitudes, pour pouvoir établir & fixer par tout une quantité bien décidée en ce dont il est question. Mais il n'est peut-être que trop vraisemblable, que des siécles s'écouleront avant que les Sçavans soient bien convenus d'une mesure absolument juste & délicate du rétressissement de la Terre. Ce qui n'est pas douteux, c'eſt que la propriété de l'Ellipſe peut mettre quelque différence en changeant de Latitude, dans le rapport de ce rétreciſſement à la ſphéricité d'un Globe parfait. Mais ſuppoſé qu'entre des Latitudes très-diſtantes, la différence ſoit d'une 30me. partie en plus ou en moins, ſur le 30me. ou environ de rétreciſſement, il eſt évident que cela ne produira qu'un 900me. de différence, ou 4 ſecondes ſur l'étendue d'un degré. Si la meſure poſitive des degrés ſur l'Equateur étoit donnée, ſa circonférence combinée avec celle d'un Méridien, feroit concevoir Géométriquement une figure Elliptique, ſur laquelle on trouveroit la circonférence particuliére de chaque Parallele, & par conſéquent une meſure de la Longitude dans chaque Latitude, relativement à cette meſure poſititive de l'Equateur. Mais il ne ſeroit peut-être pas ſuperflu, d'avoir encore des meſures particuliéres de la Longitude ſur divers Paralles, pour ſçavoir au juſte, ſi la Terre a été aſſujettie à la propriété d'une figure Elliptique bien Géométrique.

On aura la bonté de lire dans cet ouvrage le Parallele, dans quelques endroits où l'on a imprimé la Parallele, puiſque c'eſt d'un cercle dont il s'agit.

Au reſte je ſuis perſuadé, comme je le dois, que le ſuccès de la Propoſition du rétreciſſement de la Terre, dépendra de ſa convenance avec ce que d'habiles Mathématiciens & Aſtronomes feront ſur ce ſujet. Mais je ſupplie très-humblement le Public de daigner conſidérer, que puiſque ce rétreciſſement m'a été connu par la ſeule étude de Géographie, c'eſt une ſorte de témoiguage que je voudrois apporter quelque éxactitude dans les ouvrages de ce genre.

mon tapis comencez le 1
daous 1791

la depense de mon tapis
pour fourniture de
doublure

pour fille — 1[sou] — 3[den]
pour fille 2 — 6
pour fille 1 3

ille s'ot 8 bane à 11 pie,
ille bot 8 bane a 3 pie

611 pie

www.ingramcontent.com/pod-product-compliance
Ingram Content Group UK Ltd.
Pitfield, Milton Keynes, MK11 3LW, UK
UKHW020244250726
13967UKWH00004B/1511

9 782013 0632